编委会

主　任　梁庆铭
副主任　莫炎坚　余承国
编　委　欧　丽　曾　明　梁彬新

全国职业教育学前教育专业"十三五"规划教材

幼儿教师口语

主　编　梁　燕　余晓霞
副主编　毛建英　黄静云

华中科技大学出版社
http://www.hustp.com
中国·武汉

图书在版编目（CIP）数据

幼儿教师口语/梁燕，余晓霞主编. —武汉：华中科技大学出版社，2018.10（2022.2重印）
全国职业教育学前教育专业"十三五"规划教材
ISBN 978-7-5680-3765-5

Ⅰ.①幼…　Ⅱ.①梁…　②余…　Ⅲ.①幼教人员—汉语—口语—职业教育—教材　Ⅳ.①H193.2

中国版本图书馆CIP数据核字（2018）第239487号

幼儿教师口语
You'er Jiaoshi Kouyu

梁　燕　余晓霞　主编

策划编辑：袁　冲
责任编辑：狄宝珠
封面设计：原色设计
责任监印：朱　玢
出版发行：华中科技大学出版社（中国·武汉）　　电话：（027）81321913
　　　　　武汉市东湖新技术开发区华工科技园　　　邮编：430223
录　　排：武汉正风天下文化发展有限公司
印　　刷：武汉旭辉印务有限公司
开　　本：880mm×1230mm　1/16
印　　张：10.25
字　　数：245千字
版　　次：2022年2月第1版第8次印刷
定　　价：35.00元

本书若有印装质量问题，请向出版社营销中心调换
全国免费服务热线：400-6679-118　竭诚为您服务
版权所有　侵权必究

前　言

"幼儿教师口语"是研究幼儿教师口语运用规律的一门应用学科，是在理论指导下培养师范类专业学生在教育、教学过程中运用口语的能力的实践性很强的课程，是师范类专业学生的必修课。该课程重点引导学生认识普通话学习的特点及规律，掌握普通话的标准发音，以及幼儿教师在教育教学工作中必备的口语技能，为学生未来参与学前儿童教育工作打下良好的基础。这门课程的开设，对提高未来教师的口语表达水平，乃至提高全民族的口语素质都具有十分重要的意义。"幼儿教师口语"主要是为了培养师范类专业学生正确把握教师口语的特点，运用教学口语的技能、教育口语规律以及教师在不同语境中的语言运用，使学生成为学习规范的、文明的、优美的语言表达者的典范。

本书编写的宗旨是，坚持理论联系实际、讲练结合、突出技能训练的原则，根据幼师生的认知规律和学习习惯选择教材内容，通过相关语言知识的学习和技能的训练，提高学生口头语言的表达能力，为完成日后幼儿园的各项教育教学工作打好基础。

本教材力求体现以下特点。

1. 突出幼教特色

从理论的阐释到练习材料的选择，尽量考虑幼师生的年龄、性别、职业特点，尽量结合幼儿园的教育教学实际，突出针对性和实用性。

2. 运用前沿理论

在基础理论和基本知识的传授方面，坚持以应用语言学、现代汉语知识、国家语言文字政策为基础，吸收国内外语言学、学前教育学、心理学等前沿性研究成果，力求在教育理念、教材内容上有所创新。

3. 结合当地语境

21世纪开放性经济、多元性文化带来了当代社会语境的迅速扩大、语料的丰富多样，教材尽可能体现当代语言的变化和语境的拓展，帮助幼师生处理好规范与创新的关系，在"吸收新鲜空气"的同时自觉抵制语言垃圾。

4. 体现学前教育改革需求

改革开放以来，学前教育事业飞速发展，各方面改革成果显著，对幼儿教师口语提出了新的要求，本教材在内容的安排上作了一些尝试，如增加了"双语教学""儿童语言异常现象的发现与矫正"等内容。

本教材可供幼儿师范学校三年制和五年制学生、高等师范学校学前教育专业专科和本科学生使用,也可作为在职幼儿教师继续教育的培训教材。

　　本书共分为七章。第一章是概论,重点阐述了幼儿教师口语的性质、基本概念和推广幼儿教师口语的意义,介绍了幼儿教师口语的特点、基本要求等。第二章是幼儿教师口语技能技巧训练,介绍了发声技巧和语气、情感表达训练等。第三章是朗读训练,介绍了朗读的四个环节,讲述了诗歌、散文的朗诵技巧,幼儿故事讲述和演讲的技巧,以及其在幼儿教师口语实践中的应用和训练。第四、五、六、七章介绍了幼儿教师教学口语、教育口语、交际口语、肢体语言的训练,讲述了幼儿园教学口语和教育口语的要求、特点及实施原则等,以及教学口语和教育口语的基本技能训练。

　　本书由梁燕、余晓霞主编,毛建英、黄静云担任副主编。在编写过程中,参考了有关专家的书籍和文章,在此表示感谢。对于书中的疏漏和不足之处,恳请广大师生在使用过程中提出宝贵的意见。

编 写 说 明

"幼儿教师口语"是研究幼儿教师口语运用规律的一门应用语言学科，是培养学生在教育教学工作中口语运用能力的实践性很强的专业必修课。该课程重点引导学生掌握发音技巧、语气表达及幼儿教师在教育教学工作中必备的口语技能，为学生参加工作打下良好的基础。

本书一共分为七章。第一章简洁地说明了幼儿教师口语的定义及学好幼儿教师口语的方法。第二章介绍了口语发声技巧及语气和情感表达技巧。第三章重点阐述了朗读的四个环节，以及不同文学体裁的表达方法。第四、五、六章讲述了教学、教育、交际口语的特点及运用技巧。第七章简述了态势语的运用及态势语的表达训练。

本书的编写具有以下特色。

1. 突出能力培养

《幼儿教师口语》以提高学生的实际技能为主要目标，在教材内容安排上，突出学生的能力培养，把所有理论知识的学习都落实到技能技巧的实践中。

2. 强调职业方向

本教材面向中职学前教育专业的学生，时刻强调未来幼儿教师的职业方向。主要体现在：一是强调提高学生朗诵的能力和讲幼儿故事的能力，二是落实幼儿教师职业语言教育目标，通过大量的训练，让学生掌握运用教学、教育、交际口语的能力。

本书在编写过程中，参考了有关专家的书籍和文章，在此表示感谢。对于书中的疏漏和不足之处，恳请广大师生在使用过程中提出宝贵的意见。

编　者

目　　录

第一章　概论
第一节　什么是幼儿教师口语 …………………………………………………… 001
第二节　为什么要学幼儿教师口语 ……………………………………………… 003
第三节　幼儿教师口语的基本特点 ……………………………………………… 004
第四节　如何学好幼儿教师口语 ………………………………………………… 008

第二章　幼儿教师口语技能技巧训练
第一节　发声技巧训练 …………………………………………………………… 010
第二节　语气、情感表达训练 …………………………………………………… 012

第三章　朗读训练
第一节　朗读的定义 ……………………………………………………………… 022
第二节　朗读的技巧训练 ………………………………………………………… 027
第三节　诗歌朗读训练 …………………………………………………………… 034
第四节　散文朗读训练 …………………………………………………………… 047
第五节　讲幼儿故事训练 ………………………………………………………… 052
第六节　演讲训练 ………………………………………………………………… 059

第四章　教学口语训练
第一节　教学口语的基本技能训练 ……………………………………………… 066
第二节　幼儿的注意力分析 ……………………………………………………… 073
第三节　主要教学环节的口语表达 ……………………………………………… 077
第四节　个别化活动中的临场应变技巧 ………………………………………… 087
第五节　双语教学 ………………………………………………………………… 089

第五章　教育口语训练

第一节　教育口语的原则要求 ··· 098
第二节　教育口语的分类训练 ··· 100

第六章　幼儿教师交际口语训练

第一节　幼儿教师交际口语概述 ··· 120
第二节　幼儿教师交际口语技能训练 ······································· 125

第七章　幼儿教师态势语训练

第一节　态势语概说 ·· 137
第二节　态势语的应用和训练 ··· 142

第一章 概论

正确使用教师口语是各级各类学校教师、师范院校学生必备的职业能力;"教师口语"是教师培养和培训中实践性很强的必修课。自1993年国家教育委员会颁布《师范院校"教师口语"课程标准(试行)》并实施以来,不同版本、针对不同教育对象的此类教材相继出版,但根据幼儿教育的规律和特点、突出学前儿童对教师特殊语言要求、专门训练和提高幼师生口语表达能力的教师口语教材却很少。为推动幼教事业的发展,提高幼教师资队伍正确使用职业语言的水平,我们尝试编写了这本教材,以满足幼儿师范学校和高等师范学校学前教育专业对口语教学的需要。

第一节 什么是幼儿教师口语

一、关于口头语言

语言是人类最重要的交际工具,是人们进行沟通交流的主要表达方式。人们借助语言保存和传递人类文明的成果。语言是民族的重要特征之一。一般来说,各个民族都有自己的语言。

口头语言,是指以音和义结合而成,以说和听为传播方式的有声语言。口头表达能力包括完整的形体语言。口头表达能力是指用口头语言来表达自己的思想、情感,以达到与人交流的目的的一种能力。叶圣陶先生曾说:"所谓语文,语是指口头语言,文是指书面语言。可见,语文是口头表达能力与书面表达能力的综合体现。"在日常生活交往中,人们更多的是使用口头语言,所以,口头语言比书面语言起着更直接的、更广泛的交际作用。现代社会的发展,对人的口头表达能力提出了越来越高的要求。

1. 口头语言与书面语言的区别

(1)口头语言和书面语言的对象不同。口头语言的对象是听众,说话的针对性比较强,随时都可以了解受话者的反应。它要求说话的人要边讲述,边观察,边判断,有时还要听取意见,综合分析,十分敏捷地作出相应的回答。这与把自己要说的话写成文章,让读者去阅读是不同的。

(2)口头语言可以借助声音和表情等手段表达复杂的情感。口头语言富有激动性,容易触发受话人的情感。说话人不仅可以用声调和节奏强调最有意义的词,而且可以借助表情、手势、姿态或动作表情达意。口头语言借助这些辅助手段所构成的生动形象的情景和它所收到的效果,往往是书面语言无法达到的。

（3）口头语言表达过程短促，不能修改。口头语言从构思、选词到转化为语言的过程很短促。它一旦转化为语言就是最终的形式，转瞬即逝，不能修改。这一特点决定了说话人必须思维敏捷，反应迅速，判断准确，要善于调动全部的语言资源，马上找到恰当的词，立刻脱口而出。书面语言就不同了，写文章的人可以有足够的时间反复推敲，多次修改。

（4）口头语言需要眼和耳同时接收外来信息，有利于活跃思维。书面语言则只诉诸视觉。

（5）口头语言使用的范围广、频率高，和书面语言相比，具有更大的广泛性和群众性。在日常生活中，口头语言是人们交流思想的主要工具。任何一个人总是要说话的。对于本民族的口头语言，就是不识字的人也都能听懂。而书面语言相对来说，使用的范围就小得多了。

2. 如何加强训练

朗读、背诵。朗读、背诵是把书面语言用口头语言表达出来的一种方式。它可以使学生的口语受到严格的训练，是提高学生口头表达能力的有效手段。朗读、背诵除了具有使学生深入理解课文内容，增强记忆的作用以外，目的还在于提高学生正确而富有表情的说话能力。朗读还可以增强学生的语感，并在反复诵读的过程中，把课文的语言变成自己的语言，增加词汇量，学到多种多样的句式，提高口语表达能力。

朗读首先要求发音正确清楚，不漏掉音节，不拖长尾韵；其次要确定适当的语调，句读要分明；最后要用声音的高低、语气的轻重、语速的快慢表达出诗文的思想情感。要做到这一点，教师必须善于引导学生进入诗文所描绘的意境，要使学生能够清晰地想象出诗文所描绘的景象，因为好的朗读和背诵是以对诗文的深刻理解为基础的。学生只有对诗文的内容历历在目，对诗文的基本思想有了比较深刻的理解，朗读、背诵时才能表达出符合诗文内容的情感，确定符合诗文内容的语调。学生对诗文的内容理解越深，就越能在情感上受到感染，获得激情，朗读、背诵的表情达意就越好，朗读、背诵时才不会高声叫喊或矫揉造作。

训练朗读的方式：集体诵读、个别朗读、接力诵读、分角色朗读、小组朗读、教师朗读、学生随读。

二、幼儿教师口语

"教师口语"是研究教师口语运用规律的一门应用语言学科，是在理论指导下培养师范专业学生在教育、教学工作中运用口语的能力的实践性很强的课程，是培养师范类各专业学生教师职业技能的必修课。具体来说，第一，"教师口语"这门课程所涉及的内容属于应用语言学；第二，就应用语言而言，"教师口语"的内容是关于口语方面的应用而不是其他方式的语言应用；第三，就口语而言，"教师口语"的教学目的最终是培养师范生——未来教师在教育、教学等工作中运用口语的能力，而不仅是培养一般的口语表达技能；第四，就教师职业用语而言，这门课不是阐述教师职业用语的理论课程，而是一门实践性较强的教师口语训练课程。

幼儿教师口语特指幼儿教师在保育、教育活动中所使用的用普通话表达且符合教师职业规范的口头语言，是一种现实的社会语言现象，是应用语言学研究的一个分支领域，是幼儿教师群体使用的职业化口语。

幼儿教师口语的内容包括以下三个方面。

（1）普通话是前提和基础，贯穿始终。

（2）一般口语交际是教师职业口语能力的基础。

（3）幼儿教师口语是教师从事教学工作必备的职业技能。

第二节　为什么要学幼儿教师口语

在这个高速发展的时代，人际交往不断增加，范围也不断扩大。学习教师口语课程将近一年的时间，我觉得很多口语交际原则不仅仅规范的是一名教师，学习这样一门课程也使我在为人处世、人际交往方面受益匪浅。我想这是我一直要学习下去的。富兰克林说，人与人交谈取得成功的重要秘诀就是要多听，不要不懂装懂，人有一半的时间都在倾听，可见倾听能力在日常交往中多么重要。倾听时沟通技巧是非常重要的一部分，对我的帮助也是最大的。在生活中，当你注意倾听的时候，你会发现你的老师和同学以及你的家长和亲朋好友会提出很多有利于你健康成长的建议。因为他们看出你是一个有礼貌又谦虚的学生，所以他们会尽己所能地去指出你的优点和应改进的地方。善于倾听有利于说服别人。有人说说服别人最好的办法就是用你的耳朵，积极的倾听能使别人改变态度。记得以前老师总爱把犯错的学生叫到办公室进行思想教育，有的学生默默地倾听，一言不发，有的学生则会顶嘴，为自己的错找各种借口。善于倾听能消除误会。有一次同学间发生了矛盾，两人都争论不休，都认为自己没有错，不愿听对方的只言片语。后来就越闹越僵。我想如果双方当时都停下来听对方解释，也许结局就不是这样了。善于倾听是获得知识的重要途径。看周围优秀的同学，不仅听课认真，而且能快速准确地抓住知识的要点，边听边思考边摘记。善于倾听有利于改善人际关系。很多情况下，友谊是从倾听开始的，在生活中，说好话总是可以得到报答，因为人们喜欢听好话。善于倾听有利于解决问题，倾诉是维持心理平衡、减轻心理压力的一种保护手段，现在的我有不开心的事情会对好朋友讲，然后就会觉得心情变好了。学习了倾听的基本规则，让我懂得了倾听，倾听不光是用耳倾听，首先目光要与对方有交流，不要无动于衷，适当的时候要插几句话，以示你对对方的谈话很感兴趣，不要逃避交往的责任，要把注意力集中在对方所说的话上，要注意对方讲话时的非言语信号，要努力表达出理解之意。

幼儿时期是人类语言形成的关键时期，3~7岁是词、短语、段表达的最佳时期，这个时期的口语训练能为儿童终身的语言发展起到至关重要的作用。错过这个学习时期，人类学习语言的能力将会下降，语言能力的发展会受到很大的影响。苏联科学家曾经训练一个在狼群里生活了七年左右的狼孩，结果训练了近十年，狼孩的语言能力几乎为零。这则故事说明：人类学习某种技能的能力是有阶段性的，错过了学习的最佳时期，学习这种技能的能力就会下降甚至消失。例如，婴儿学说话最早是通过模仿人类说话时喉结的颤动和嘴唇的形状来实现，而成人基本失去了这种本能。又如，人类小时候记忆力强，到老的时候还能回忆起小时候某个精彩的场景，而老人却经常今天记得的可能明天就忘记了。因而幼儿时期的口语教育非常重要。

第三节 幼儿教师口语的基本特点

幼儿园是特殊的教育机构，它的教育对象是3~6岁的幼儿。由于幼儿时期不识字或识字不多，他们所接受的一切教育、获得的一切知识，基本上都是来自于成年人的口耳相传，在幼儿园主要是教师的口耳相传。在幼儿园教育中，教师对幼儿的指导主要有两条途径，即言传和身教。言传就是通过语言指示、建议等进行指导、教育、传授知识；身教则是通过示范、演示等有目的的行为进行指导。根据幼儿所具有的身心各方面的特点，幼儿教师是以语言指导为主的，语言指导在幼儿园活动中发生的频率最高，起的作用更大，在教师的指导行为中显得更为重要。

幼儿教师的口语有其独特的特点，幼儿教师的口语技能是教师运用已有的知识经验，通过练习和自己多年的实践形成的。幼儿教师口语技能直接关系到幼儿的活动、学习、情绪、情感的发展，关系到幼儿与教师的关系等。

一、明理启智

幼儿的道德行为和道德判断是在掌握语言以后才逐步产生的，所以对幼儿来说，重要的不是灌输道德认识和道德观念，而是促进其道德情感的萌发。教育中教师要做到明理启智，首先应注重潜移默化的影响，注重加深幼儿对各种行为后果的感受体验，同时在教师的参与下，使他们在感受与体验中分辨出正确的行为，感受积极行为带来的愉悦，使他们通过交往和模仿，逐渐掌握一些行为规范和各种道德标准。

幼儿教师要想把这些行为规范和各种道德标准在很大程度上内化为幼儿的品德，应抓住有价值的教育契机，重视引导、启发，而不是教导。教育题材俯拾即是，在各种活动中和一日生活中，教师应注重挖掘德育因素。如：音乐课上，学唱《分果果》，教师可联系独生子女对长辈的关怀只接受不回报的实际，让幼儿从"李小多分果果"中受到教育，联想到要关爱家中的长辈。在日常生活中形成谦让的好习惯，逐渐养成"心中有他人"、尊重长辈的良好品德。

有些学习的内容并不直接含有德育因素，如在科学领域数字的教学中，教师要联系实际，渗透德育内容。教数字"1"时，可以引导幼儿每天节约一分钱、一滴水、一粒米；手工课上让幼儿剪剪、贴贴、画画，自制一些漂亮的小玩具，然后启发他们将自己的东西送给贫困地区的小朋友，让他们从小就助人为乐，从而形成善良的道德品质。在各项活动中，教师必须随机应变，因势利导。

幼儿教师担负着培养幼儿良好品德、行为，发展他们良好个性的重要任务。作为教育手段的口语，它的表达内容和形式都要为这个总任务服务。因此，要求幼儿教师在对幼儿进行教育的过程中的所有言语，都应带有明显的育德明理的特性。比如，可以给幼儿讲"滴水穿石"的故事。

"滴水穿石"的故事

山边有块青石板，石板上面有小水滴往下滴。石板很瞧不起小水滴，就说："你是在给我洗澡吗？唉，小水滴呀，你的力气太小了，你只能给我搔搔痒呀！"小水滴听了，笑着对石板说："我可不是替你洗澡，也不是替你搔痒，我要把你滴穿！"青石板一听，哈哈大笑起来："瞧你这么小的水滴，想把我这么坚硬的大石板滴穿？真是白天说梦话，哈哈哈……"小水滴不同他争辩，只管一个劲地滴、滴、滴；石板呢，也不把小水滴放在心上。一年又一年过去了，过了很多年，小水滴终于把青石板滴穿了。有一天，青石板忽然发现自己的身上通了一个窟窿，很奇怪，就问小水滴："小水滴呀，你是用什么办法，让我这么坚硬的身板上通了一个洞的呀？"小水滴笑着说："办法很简单，我就是一个劲儿地往你身上滴，往一处滴，时刻不停地滴，别看我的力气小，时间长了，功夫深了，我就把你这么坚硬的石板滴穿啦！"后来，大家把这件事叫作"滴水穿石"。

二、简明规范

在学前阶段，教师是幼儿模仿的对象和学习的榜样，教师的一言一行、一腔一调，甚至连口头禅，幼儿都非常敏感，都乐于模仿。幼儿教师在教育过程中，语言必须简洁，应该掌握讲述、解释等方法，这些方法中也包括心理暗示。在幼儿园这个特定的环境中，"暗示"往往带有示范性。比如，"我会这样倒牛奶，这样牛奶就不会洒出来。"这样的陈述实际上是在暗示幼儿，把牛奶倒进杯子里要慢慢地倒，否则会洒出来。显然，这样的解释比直接说"要慢慢倒"效果更好。同时，积极的语言不仅能稳定幼儿的情绪，还能激发幼儿积极的情感。教师不经意的一句夸赞，如"你真细心！""你真聪明！"或者一个微笑或抚摸，能让幼儿保持一天愉快的情绪体验，并将会继续努力。教育过程中，要记住"好孩子是夸出来，坏孩子是骂出来"的道理。

简明的意思有两个。

其一：简洁通俗。

【示例】

1."没有付钱，就不能拿糖果店里的糖果。"

2."糖果，虽然仅仅是一粒，但不给钱就拿走是一种损人利己的行为，它会使自己的思想沾上污点，我们每个人都应引起注意。"

其二：意明语清。

【示例】

教师教幼儿进行家畜家禽分类。把动物卡片和画着房子的两张白纸发给每个幼儿。对大家说："我请小朋友让小动物分别住进两间房子里，动脑筋想一想哪些动物能住在一起。"

（幼儿操作、讨论）

"小朋友们把牛、羊、马、猪放在一间房子里,为什么让它们这样住呢?噢,因为它们都有四条腿,有蹄子,有尾巴;能生小牛、小羊、小马、小猪;还能喂奶,又都是家里养的。它们有共同的特点,所以让它们住在一起,我们管这样的动物叫家畜……"

【评析】

1. 有四条腿;
2. 有蹄子;
3. 有尾巴;
4. 能生小牛、小羊……;
5. 能喂奶;
6. 家养。

规范的具体要求主要如下。

第一,说标准的或比较标准的普通话。

第二,在遣词造句方面符合现代汉语的习惯。

三、具体鲜明

幼儿年龄小,对老师的语言只能按表面意思去理解,所以,教师口语的使用,必须具体、直白,这样才便于幼儿领会教育的目的。幼儿教师在教育幼儿时,一定要注意以正面教育为主,切不可说一些幼儿听不懂的"反语"。例如:有一个初入园的小班幼儿,在回答老师的"人有几只眼睛"的问题时,说"有三只眼睛"。老师非常生气,于是说:"人的眼睛有四只。"幼儿马上跟着说"是四只。"这样的语言只能造成幼儿的思维混乱,是对幼儿不尊重的表现。作为一个教师,要处处严格要求自己,言传身教,为孩子做出语言表率。

幼儿教师要有形、有声、有色,有动态感觉,有情感色彩,能唤起幼儿对具体事物的真切感知,调动他们的各种感官去思维、联想、想象、回忆、行动,从而产生如临其境、如闻其声、如睹其色、如见其人的感觉。

【示例】

讲《三只羊》故事时,教师说:"大灰狼从洞里窜出来,向三只羊扑去。三只羊一起对付大灰狼,小羊用头撞,中羊和大羊用角顶,它们一起把大灰狼撞倒了,大灰狼滚下山去摔死了。"

四、口语儿童化

幼儿阶段无意注意、无意记忆占主导地位,思维具体形象,所以不喜欢听呆板、枯燥的说教,而喜欢听有声有色、趣味化的言语。例如,教幼儿要有礼貌,说"请"字,就可说:"汽车来接熊猫了,小朋友快说,请熊猫上车吧。"教幼儿说"再见",就可以说:"娃娃要走了,小朋友快说,明天见。"用这样的方式,孩子就容易学会。

与幼儿进行语言沟通时,教师本身的语言素养非常重要。鉴于幼儿的知识经验和理解能力较差,教师的口语表达应符合幼儿的接受水平,如说话的态度温和,使幼儿有一种安全感,乐意接受;语气坚定,使幼儿感到教师充满自信并受到感染;表述简单明了,使幼儿容易听懂;尽量用愉快的声调并走到幼儿身边说话,而不是粗暴地呵斥命令。教师应讲究语言艺术,始终用积极的语言与幼儿谈话,告诉幼儿应当做什么,而不是指出他不应当做什么。比如说"请轻轻地搬椅子"而不说"别把椅子碰得叮咚响";说"请把积木放在筐子里"而不说"别把积木放在地上"。教师的语言不仅是向幼儿传递信息,进行思想教育的重要手段,也是幼儿模仿的对象,教师应该为幼儿树立语言的榜样。

教育口语儿童化,并不意味着教师要模仿幼儿语法混乱、用词不当的娃娃腔,而是指教师的口语应贴近幼儿生活,反映他们的要求,表现他们的情感,符合他们的心理特征,富有幼儿情趣。

1. 趣化的内容

(1)有童心。

(2)有童趣。

【示例】

游戏快要结束了,但小朋友还在摆弄玩具,教师很着急。面对这个情景,不同的教师用语不同。

A教师:小朋友,游戏结束了,快把玩具放回原处!

B教师:玩具小鸭走累了,该休息了。让我们看看哪一只先回家,好吗?

2. 趣化的形式

(1)神态喜人。

(2)语音悦耳。

(3)词句优美。

【示例】

教师引导幼儿认识动物有几只脚时说:

"小猴子开了个鞋店,仙鹤说:'请你给我一双鞋,等我跳舞的时候穿。'小马说:'请你给我做两双鞋,等我拉车的时候穿。'蜻蜓说:'请你给我做三双鞋,等我飞行的时候穿。'大虾说:'请你给我做五双鞋,等我游泳的时候穿。'蜈蚣来了说:'我要做鞋。'小猴急坏了:'你有21双脚,我什么时候才能做完呢?'"

课后练习

根据所学知识,设计对话。

幼儿园的有些小朋友只爱吃肉,不爱吃蔬菜,尤其是不爱吃绿叶菜。请以一个幼儿教师的身份,说服小朋友吃蔬菜,并让小朋友爱上吃蔬菜。

第四节　如何学好幼儿教师口语

普通话作为教师的职业语言，是教师进行教学的前提。教师口语课是以训练和巩固学生普通话的听说技能，培养和提高教师的职业口语表达能力为目的的专业技能课。而幼儿教师面对的是一个特殊群体。幼儿的年龄、思想等特点决定了幼儿的语言接受能力和理解能力，所以在和幼儿交流的过程中，教师更要使用恰当的语言和他们进行沟通，力求达到最佳的效果。

一、提高内在修养水平

作为一名普通的教师，教师自身的口语就应当是地地道道的标准普通话，当然，这些都要基于对教师专业的培训。教学口语技能是幼师生的学识、思想和个人修养的综合表现。要从根本上提高教学语言技能，幼师生就必须切实加强自身的思想道德、时代精神、法制观念、心理知识、逻辑知识、专业知识、哲学意识、审美情趣和教学理论等多方面的修养。没有这一厚重的根基，无论进行怎样的技能训练，都不能避免教学中语言浮泛、苍白的缺憾。

幼儿教师口语具有综合性、应用性、实践性等几方面的特点。作为专业技能课，教师口语重在理论指导下的实际训练。口语能力的培养，仅靠课内的有限时间是远远不够的，必须把课堂教学与实际训练有机结合起来，指导学生在千变万化的话语情境中自觉进行口语训练。作为教师，只有具备了良好的语言素质，在进行教学教育活动时才能开启学生的心灵之窗，将知识准确、清晰、流畅地传授给学生。因此，能说一口标准的普通话，具备良好的语言表达能力，是师范教育培养合格教师不可或缺的任务之一。

二、锤炼语言，掌握技巧

教学活动的灵魂就在于教学的语言技巧，如何使幼师生将来能掌握娴熟的教学语言技能呢？关键是在平时的学习中，要把握语言的魅力所在。流畅、准确是教学语言的基本要求，要做到这一点，就要使学生掌握科学的发音方法和吐字纳音的技巧。只有注入真情实感，才能触动学生的心弦，引起心灵的共鸣。

教师的语言要形象生动，富有趣味性，既不能太过"儿童化"，将汽车说成"嘟嘟"，也不能太过"成人化"，将早晨的景色描述成"雄鸡报晓"。教师趣味性的语言应该是贴近幼儿心理的，能使语言更具活力，比空泛的说教更具效力。有一次午饭时，孩子们很吵，于是我说："咦，我们教室里什么时候飞进来那么多小蜜蜂，嗡嗡嗡的，多吵呀，我们快把它们请出去，别打扰我们吃饭了。"孩子们听了都笑了起来，笑过之后便安静下来吃饭了。这就是富有趣味性的语言的魅力。只要教师善于从幼儿的实际出发，抓住幼儿的特点，使用生动、形象，富有感情，具有感染力，贴近幼儿生活的语言，就能有效地激发幼儿活动的兴趣。教师的语言应具有激励性。鼓励和支持幼儿是幼儿学习和发展的重要前提，当幼儿遇到问题不能正确解决，感到灰心与无望时，教师就要帮助幼儿，用积极的语言引导幼儿去探索。如在个别化活动时，经常会有幼儿不敢自己动手操作，总想依赖教师，这时教师就可以用"你去尝试一下，失败了也没关系呀""你试试看""再想想，就能想出来了""这件事应该难不倒你的"等语言来激励幼儿，这些语言对即将失去信心的幼儿来说，无疑是一种支持性的力量，可以成为幼儿解决问题的动力，坚定完成任务的信心。当幼儿有自己的发现和看法时，教师应该及时鼓励，不要吝啬"嗯，真不错""你真行""你的想法很特别"等这样的语言，因为这些语言能给幼儿极大的鼓舞并能激发他们进一步表现的欲望。

三、在实践中不断追求

要学好话、讲好话就得多开口。作为幼师生，要做语言学习的有心人，不要放过锻炼和提高教学语言技能的有利机会，从这个意义上说，课堂教学实习和实践就是师范生教学语言艺术的实验室。训练和提高语言技能主要是通过微格教学技能训练来实现的。教学模拟试讲、教学见习实习、说课、评课等都是检验与提高教学语言技能的重要途径。幼师生要高度重视这些训练和珍惜提高教学语言技能的机会，杜绝那种只注重书本知识的学习，轻视教学语言等技能训练的思想，要精心准备，认真进行相关的训练。

规范口语交际，培养良好习惯。培养和提高幼儿的口语交际能力，这是一个逐步学习的过程，应注意以下几个方面。

1. 规范口语表达

比如进行"学会向别人解释"专题训练时，我是这样提供案例引导的：小东吃早点时，服务员不小心把汤泼到了她的身上，小东无奈之下只好回家换衣服。等她到幼儿园时已经上课了，老师马上当众批评了小东。下面的做法对不对，请你评一评：

（1）小东马上哭了起来，一句话也不说，回到了自己的座位上；

（2）小东马上大声争辩道："我不是故意的，你不该责备我，要不你去问我妈妈！"

（3）小东马上轻声说："老师，对不起，吃早点时服务员弄脏了我的衣服，我回家换衣服才迟到了。"

通过案例比较，幼儿能领悟在解释原因时不但要说清理由，还要讲文明，态度要和蔼，语气要合适。

2. 培养良好的听话能力和习惯

学会认真地倾听别人说话，做到听清句子，准确地理解语义。听话时要能抓住中心和重点，要能对别人的话做出是非、效果和价值的评价。听话的态度要认真、有礼貌，要尊重他人。

3. 养成良好的体态语运用习惯

人们在口语交际中常常辅以多种动作、表情来帮助自己表达，体态语是"无声的语言"，具有不可忽视的作用。我们幼儿园教师要培养幼儿自然大方、和谐得体的体态语运用习惯，可以在情境中加以训练，帮助幼儿克服心理障碍，纠正不良的习惯动作。体态语的运用要注意把握分寸，不能哗众取宠，矫揉造作。

第二章 幼儿教师口语技能技巧训练

第一节 发声技巧训练

教师口语包括"普通话训练、一般交际口语训练、教师职业口语训练"三个部分。它们之间是基础、提高与延伸的关系。在进行了普通话训练的基础上我们来学习一般交际口语和教师职业口语这两个部分。具体来说就是学习发声技巧、态势语、各种文体的朗读、讲故事、演讲以及教学口语和教育口语。

一、了解发音器官

严格来说,人体专门用来发音的器官只有"声带"。人们能发出各种不同的声音,还要靠人体各种器官多种活动的配合。

发音器官大致可分为三个部分:

(1) 喉下——用来呼吸,包括气管、肺、胸廓、横膈膜、腹肌。
(2) 喉部——喉头、声带。
(3) 喉上——用作共鸣作用或阻碍作用,包括口腔中各部分及鼻腔。

二、发声技能

训练目标:掌握用气发声、共鸣控制和吐字归音等发声技能,了解科学的发声方法,使语音响亮。

在口语交际过程中,人们都希望自己的语音准确、清晰、响亮、圆润,并且有魅力。

发声技能:用气发声、共鸣控制、吐字归音。

1. 用气发声

关于气息控制:

学生发言,小学生热热闹闹,中学生稀稀落落,大学生羞羞答答。

不正确的呼吸法:

浅呼吸：吸气短，呼气时肚子反而饱满；

腹式呼吸：吸气少且弱，不能控制。

正确方法：

胸腹式联合呼吸法：首先自然收腹，脚放平，下巴微收，找准感觉（纠正歪头、耸肩、瘪肚、下脚抖动等错误姿势）。

训练：

(1) 短气训练：

三个字；123、456、789。

长气训练：

一个枣、两个枣、三个枣……

长短气训练：

出东门，过大桥、大桥底下一树枣，拿把扫帚来打枣，一个枣、两个枣……

(2) 语速：新闻广播，新中国成立时，要求一分钟180个音节，现在要求一分钟230个音节。

(3) 喊人：

黄刚、王强、田华。

(4) 唐诗背诵：

白日依山尽，黄河入海流。欲穷千里目，更上一层楼。

2. 共鸣控制

人有七大共鸣腔体，其中起主要作用的有五个：

喉腔——人体第一共鸣腔体；

咽腔——打开音量，美化音色；

口腔——中音共鸣（最主要，最灵活）；

鼻腔——高音共鸣（高亢、响亮）；

胸腔——低音共鸣（低沉、浑厚）。

练习找准共鸣腔：

千山万水　　精明强干　　山明水秀　　黑白分明

（注意：嘴里有话，心里有情景。）

1、2、3，三盆月季花，4、5、6，六棵小石榴，7、8、9、10，十块大石头。

乡　愁

余光中

小时候，乡愁是一枚小小的邮票，

我在这头，母亲在那头。（母子别，上部共鸣）

长大后，乡愁是一张窄窄的船票，

我在这头，新娘在那头。（新婚别，中部自然共鸣）

后来啊，乡愁是一方矮矮的坟墓，

我在外头，母亲在里头。（生死别，三腔共鸣）

而现在，乡愁是一湾浅浅的海峡，

我在这头，大陆在那头。（故乡别，三腔共鸣）

3. 吐字归音

一个音节的发音过程分为出字、立字和归音三个阶段。

出字：指声母和韵头的发音过程。

立字：指韵腹（主要元音）的发音过程。

归音：指音节发音的收尾过程。

目的：字音清晰、声音饱满、弹发有力。

课后练习

作业：在日常生活中有意识地加强发声训练。

每个同学至少背诵二十首唐诗或宋词。

第二节 语气、情感表达训练

请大声读出下面的句子。

1. 神七飞天成功，国人怎能不万分自豪？（反问）
2. 神七飞天成功，不能不叫国人万分自豪！（感叹）
3. 神舟五号成功发射，怎么会有中国人不感到骄傲与自豪呢？（反问）
4. 神舟五号成功发射，我们感到很自豪。（陈述）

同样一句话，运用不同的语气表达时所包含的情感也是不同的。本节将讲述如何选择不同的语气表达不同的情感。

一、重音训练

重音是指朗读、说话的句子里某些词语念得比较重的现象，大部分通过增加声音的强度来体现，但是不同的语言环境下，也有不同的重音表现方式。

（一）重音的分类方法

重音有语法重音和强调重音两种。需要注意的是，语法重音的强度并不是太强，只是跟语句的其他部分相比较，读得重一些而已。

1. 语法重音

语法重音是指在不表示特殊的思想和感情的情况下，根据语法结构的特点，把句子的某些部分重读。语法重音的位置比较固定，常见的有以下几种。

（1）一般短句子里的谓语部分常重读。例如：

① 我走了。

② 我喜欢你。

③ 树叶黄了。

（2）动词或形容词前的状语常重读。例如：

① 他慢吞吞地走到我的面前，低着头，不说一句话。

② 清早的阳光轻轻地拾走花瓣上的露珠点点。

③ 往事不停地浮现在我的眼前。

④ 年迈的母亲重重地打了儿子三下。

（3）动词后面的形容词、动词及部分词组充当的补语常重读。例如：

① 他们爱得热烈，爱得真诚。

② 他们生的伟大，死的光荣。

③ 把衣服洗干净。

④ 他玩累了，睡着了。

（4）名词前的定语常重读。例如：

① 多么可爱的小兔子。

② 善良的人们选择了原谅他。

③ 碧绿碧绿的水草上悬挂着一颗颗晶莹的水珠。

④ 那河畔的金柳，是夕阳中的新娘。

（5）有些代词常重读。例如：

① 这是谁家的孩子？

② 你能告诉我，玻璃杯是谁打破的吗？

如果一句话里的成分比较多，重读也就不止一处，往往先重读定语、状语、补语等连带成分。例如：

① 五颜六色的花儿吸引了小女孩全部的注意力，她快速地跑到花园中，高兴地叫起来。

② 所有的人都到马路上来，想把自己的口袋塞得满满的。糖果雨密密麻麻地落下了，大家都来不及捡。

2. 强调重音

强调重音指的是为了表示某种特殊的感情或强调某种特殊意义而故意说得重一些的音，目的是引起听众的注意。语句在什么地方该用强调重音并没有固定的规律，而是受环境、内容和情感支配的。同一句话，强调的重音不同，表达的意思也往往不同。

① 我吃过饭了。（侧重"谁"吃过饭了）

② 我吃过饭了。（侧重已经完成"吃过"饭的动作了）

③ 我吃过饭了。(侧重吃的是"饭",不是其他的食物)

因此,在朗读时,首先要认真钻研作品,正确理解作者的意图,才能迅速准确地找到强调重音的位置。强调重音与语法重音的区别有以下三个方面。

(1) 从音量上看,语法重音给人的感觉只是在发音轻重上有轻微的区别,而强调重音则给人鲜明突出的印象。强调重音的音量大于语法重音的音量。

(2) 从出现的位置上看,强调重音可能与语法重音重叠,这时语法重音服从强调重音,只要把音量再加强一些就可以了。有时,两种重音出现在不同的位置,此时强调重音的音量要盖过语法重音。

(3) 从确定重音的难易程度上看,语法重音容易找到,它有规律可循,而强调重音需要根据内容、情境来确定。

秋季的音乐会迫近了。我将在本地戏院的舞台上独奏。"我不想独奏。"我说。"你一定要。"父亲答道。"为什么?"我嚷起来,"就因为你小时候没拉过小提琴?为什么我就得拉这蠢玩意儿,而你从未拉过你的?"父亲刹住了车,指着我:"因为你能带给人们欢乐,你能触碰他们的心灵。这样的礼物我不会任由你放弃。"他又温和地补充道,"有一天你将会有我从未有过的机会:你将能为你的家庭奏出动听的曲子,你会明白你现在刻苦努力的意义。"我哑口无言。我很少听到父亲这样动感情地谈论事情。从那时起,我练琴再不需要父母催促。

在剧院里,当我意识到我是如此希望父母为我自豪时,我紧张极了。轮到我了。我走向那只孤零零的椅子,奏起《今夜你是否寂寞》。我演奏得完美无缺。掌声响彻全场,直到平息后还有几双手在拍着。我头昏脑涨地走下台,庆幸这场"酷刑"终于结束了。

(二) 重音的表达方法

确定重音之后的工作就是如何表达重音。重音的表达方式切忌单一,它与停连、语气、节奏等技巧有直接的关系,特别是和语气的关系密切。重音与外部技巧的融合运用是建立在内部技巧融会贯通的基础上的。表达重音的方式实际上就是使重音的词或短语从语句中"冒出来"。一般可以运用以下方法来表达重音。

1. 高低强弱法

欲高先低,欲强先弱,低后渐高,弱中渐强。高低指的是音高的高低,强弱指的是音强的强弱。值得注意的是,强调重音时音量不一定很大,主要体现在音强上。无论高低音还是强弱音的运用都要让感情自然流露。

(1) 重音重读。

漓江的水真静啊,静得让你感觉不到它在流动;漓江的水真清啊,清得可以看见江底的砂石;漓江的水真绿啊,绿得仿佛那是一块无瑕的翡翠。

海终于愤怒了。它咆哮着,猛烈地冲向岸边袭击过来,冲进了岩石的罅隙里,又拨刺着岩石的壁垒。

(2) 重音轻读。

风轻悄悄的,草软绵绵的。

轻些啊,轻些,他正在中南海接见外宾。

(3) 强弱对比。

他们明天就要永远离开这个地方了。（弱中有强）

江姐一惊，布告栏中怎么会有她的名字？（强中有弱）

(4) 加强音量。

让暴风雨来得更猛烈些吧！

2. 快慢停连法

快带次重音和非重音，放慢或延长音节来强调重音，在强调重音时还可在重音前后运用停顿和连接的技巧。

① 森林爷爷的脚伸在很深很深的泥土里，任凭风魔王怎么摇，他还是稳稳地站着。（快中显慢）

② 中国人失掉自信力了吗？（停顿）

③ 树叶儿却绿得发亮，小草儿也青得逼你的眼。（停顿）

3. 虚实转换法

虚实指的是用声的状态和声音的弹性使用，虚中转实，实中转虚，尤其是实中转虚的方法较为常用。

① 我们还会拥有一个长有胡杨树的梦吗？（虚中有实）

② 月光照进窗子里，茅屋里的一切好像披了银纱，显得格外清幽。（实中有虚）

确定重音和巧妙运用重音的表达方式的一些基本原则如下。

(1) 重音贵精不贵多。确定重音应有立得住脚的道理，不要强行重读。

(2) 处理好重音和非重音的关系、重音和次重音的关系、重音和重音的关系、非重音之间的关系。总之，要用重音的合理安排把次重音、非重音和谐地组织起来。

(3) 重音的表达要注意分寸，过犹不及。

(4) 把握重音首先要综观全篇，从全文的宏观角度体会作品意图和主要内容，然后落实到具体的语句当中。总而言之，重音应该围绕对作品的题旨、内容的理解和体会来确定并表达。确定重音切忌杂乱，一定要少而精，表达重音切忌单调，一定要多样。

给西莉亚之歌

本·琼生

只须用你的眼波向我祝酒，
我会报答你用我的眼波，
或在杯盏上留下一个吻，
我就无须寻找美酒来喝，
灵魂深处引起的干渴，
只能祈求一杯仙浆润喉，
即使天神降下甘露，
我也不肯换取你的眼波，

我新赠你的玫瑰花冠，
并不只为把你仰攀，
却只为了给它以希望，
叫它此后永不凋残。
由于你嗅过的香气，
然后把它再给我扔还。
从此它成长吐香，就非出自它，
而是出于你的，我敢断言。

【分析】 这是一首以物传情，表达爱情的诗歌，语气诚恳，感情真挚。

鱼在波涛下微笑

毕淑敏

心在水中。水是什么呢？水就是关系。关系是什么呢？关系就是我们和万物之间密不可分的羁绊。它们如丝如缕百转千回，环绕着我们，滋润着我们，营养着我们，推动着我们。同时也制约着我们，捆绑着我们，束缚着我们，缠扰着我们。水太少了，心灵就会成为酷日下的撒哈拉。水太多了，堤坝溃塌，如同2005年夏的新奥尔良，心也会淹得两眼翻白。

人生所有的问题，都是关系的问题。在所有的关系之中，你和你自己的关系最为重要。它是关系的总脐带。如果你处理不好和自我的关系，你的一生就不得安宁和幸福。你可以成功，但没有快乐。你可以有家庭，但缺乏温暖。你可以有孩子，但他难以交流。你可以姹紫嫣红宾朋满座，但却不曾有高山流水患难之交。你会大声地埋怨这个世界，殊不知症结就在你自己身上。

你爱自己吗？如果你不爱自己，你怎么有能力去爱他人？爱自己是最简单也是最复杂的事情。它不需要任何成本，却需要一颗无畏的灵魂。我们每个人都是不完满的，爱一个不完满的自己是勇敢者的行为。

处理好了和自己的关系，你才有精力和智慧去研究你的人际关系，去和大自然和谐相处。如果你被自己搞得焦头烂额，就像一个五内俱空的病人，哪里还有多余的热血去濡养他人！

在水中自由地遨游，闲暇的时候挣脱一切羁绊，到岸上享受晨风拂面，然后，一个华丽的俯冲，重新潜入关系之水，做一条鱼在波涛下微笑。

【分析】 这是一篇富有灵性、蕴含深刻哲理的文章。主要内容是心在水中，水是关系。关系引发很多问题，但是我们最先应该处理的是我们和自己的关系，只有这样，我们才能在关系之水中像鱼一样畅快地遨游。

二、停连训练

停连是朗读语流中声音的中断和延续。它包括两个方面：停，即停顿，指有声语言表达过程中声音的中断、休止；连，即连接，指那些不中断、不休止的地方（特别是在有标点符号而不中断、不休止的地方）。停连位置恰当，情意表达才能清楚。

一般停连位置有如下几种形式。

1. 生理性停连

一种情况是朗读者自身换气的需要，另一种情况是因生理变化而引起的停连，比如哽咽、语噎、垂危时的叮咛、气喘吁吁的报告、人物的口吃等。可不拘泥于标点，灵活处理，并注意神似，点到为止。

（1）他蓦地抽回手去，深深地吸了一口气，用尽所有的力气举起手来，直指着正北方向："好，好同志……你……你……你把它带给……"

（2）雪地中一位年轻的母亲拉着身后的小女儿跑着，笑着，忽然，母亲脚下一滑，摔倒在雪地上。

（3）每一朵花都等待用心拂过的春风，每一首歌都期待认真聆听的耳朵，每一首诗都渴望来自心底的共鸣。人们喜欢春天，是因为经过一季的孕育，冰雪已经融化；人们珍惜春天，是因为在四季的变化里，它给予理想最初的灌溉和照耀；人们怀念春天，是因为在回忆的纪念册里，春天的风景永远温暖宜人。

2. 语法性停连

语法性停连体现的是一句话里的语法关系，在书面语言里反映为标点符号。一般来说，没有标点的地方为连续，有标点的地方则停顿。停顿的时间长短依次为：句号、问号、感叹号、分号、冒号、逗号、顿号。

（1）一九三六年十二月十二日，国民党爱国将领张学良将军和杨虎城将军在我党"停止内战，一致抗日"的政策的感召下实行"兵谏"，扣留了蒋介石以及当时聚集在西安的几十名蒋帮军政大员，发动了震惊中外的西安事变。

（2）眼前，这"雷神爷"为何又甩帽？人们目瞪口呆！只见他在台上来回踱了两步又站定，双手叉腰，怒气难抑。终于，炸雷般的喊声从麦克风传出："我的大炮就要万炮轰鸣，我的装甲车就要隆隆开进！我的千军万马就要去杀敌！就要去拼！就要去流血！可刚才，有那么个神通广大的贵妇人，她竟有本事从几千里之外，把电话要到我这前线指挥所！此刻，我指挥所的电话第一个扛上炸药包，去炸碉堡！去炸碉堡……"

三、语速训练

语速是指朗读时每个字的长短及字与字之间连接的松紧。朗读的速度由作品的思想感情和情节决定。一般来说，热烈、欢乐、兴奋、紧张的作品，朗读时速度应该快一些；平静、朴实、庄重、悲伤、沉重、追忆的作品，朗读时速度慢一些；而一般的陈述性语言、说明、议论则用中速。

（1）小白兔得到了一个大萝卜。（开心）

（2）今天天气晴转多云，局部有小雨。（说明）

(3) 赢了！赢了！中国队赢了！观众席上的球迷们欢呼起来。（兴奋）

(4) 在大厅里，我想过许多事情。同样地奏着哀乐，我的思想却从挤满了人的大厅转到只有二三十人的中厅去了，我们正在用哭声向萧珊的遗体告别。（悲伤）

四、语气训练

语气是朗读作品的表达技巧之一。了解语气的内涵、特点以及表达方法，有助于我们把握和驾驭有声语言这个精灵，提高我们语言的表现力和感染力。语气在表现内心情感的准确性和丰富性、克服固定腔调、增强语言的灵动变化等方面起着重要作用。

（一）什么是语气

语气这个词大家都不陌生，生活中也经常使用。不过在实际使用的时候，不同的使用者所说的"语气"的内涵和外延并不完全相同。《现代汉语词典》中解释为：①说话的口气；②表示陈述、疑问、祈使、感叹等分别的语法范畴。"口气"的含义之一是"说话时流露出来的感情色彩"，如严肃的口气、幽默的口气。《辞海》中的解释为通过一定的语法形式表示说话人对行为动作的态度，如陈述语气、祈使语气、虚拟语气。现代汉语用语气助词"的、了、吗、呢"等和语调表示各种语气。

以上解释明确了语气与感情态度有关，但它没有具体说明不同感情色彩是通过什么方式体现的。尽管《辞海》里还谈到了语调可以表示各种语气，但它把语气仅归为几类，如"陈述语气、祈使语气、虚拟语气"等，就显得简单了。

那么，朗读中语气的概念是什么呢？语气是思想感情运动状态支配下语句的声音形式。这个解释揭示了播音语气的内涵，突出了有声语言的特点，易于从有声语言的形式及其思想感情依据两个方面去把握。

我们可以从三个方面来认识和把握语气：一是具体的思想感情在语气中处于支配地位，它是语气的灵魂；二是语气要通过具体的声音形式来体现；三是语气以句子为单位，也就是语气是通过一个个句子展现它的不同风采或个性特征的。

1. 语气与语境的关系

语气以具体的句子为单位，应体现出"这一句"的个性色彩。但对于孤立存在的句子来说，其语气必是多样的、无法把握的。另外，不同的交流对象、交流方式等对语气也会产生影响。所以，我们在把握语气时，必须将语句置于具体的语言环境中，根据具体的语言环境来把握语气。

总之，语气主要由两方面构成：一是具体的思想感情；二是具体的声音形式。两者相辅相成。语气受具体的语言环境的影响、制约，只有在具体的语境中把握语气，语气才能准确。

2. 语气的感情色彩和分量

语气中具体的思想感情包含两个方面：一是语气的感情色彩；二是语气的分量。它们是语气的灵魂。

1）语气的感情色彩

语气的感情色彩主要是指"语句所包含的是非和爱憎"。

是非是指态度方面的具体性质。比如是赞扬、支持、亲切、活泼，还是批评、反对、严肃、郑重等。

爱憎是指感情方面的具体性质。比如是喜悦、热爱、焦急，还是悲伤、憎恨、冷漠等。

在把握具体语句的感情色彩时，应该做到准确贴切、丰富细腻。

2）语气的分量

语气的分量是指"在把握语气感情色彩的基础上，区分是非、爱憎的不同分寸的'度'。强调语气的分量，就是要求我们掌握语气感情的分寸、火候，表达时不瘟不火，恰到好处"。语气的分量可以从两方面去把握：一是语气感情色彩本身的级差；二是外部相关因素影响下态度分寸方面的级差。两者融合在一起，共同构成了语气的分量。

为了便于说明，我们将语气的分量分为重度、中度和轻度。

语气的色彩和分量构成了语气的灵魂——具体的思想感情，在具体把握时，一要准确，二要鲜明，这是表现出来的语气是否具体鲜明、贴切深刻的关键。

3. 语气的声音形式

当我们把握了语气的思想感情后，就必须用一定的声音形式表现出来。我们不能停留在内心体验这一阶段，而一定要找到恰当的方法来体现具体的思想感情，对其载体——声音形式的构成要素进行具体分析。

声音形式包括气息、声音、口腔状态三方面要素。这三方面多层次、多侧面的立体变化及多重组合构成了丰富多彩、千变万化的声音形式。

不同的感情色彩需要通过不同的声音形式来表现，这两者之间是有一定规律可循的。我们对表现不同的感情色彩，气息、声音、口腔状态的特点进行了概括，见表2-1。

表2-1　不同感情色彩其气息、声音、口腔状态的特点

感情色彩	声音形式	口腔状态及气息
爱的感情	气徐声柔	口腔宽松，气息深长
憎的感情	气足声硬	口腔紧窄，气息猛塞
悲的感情	气沉声缓	口腔如负重，气息如尽竭
喜的感情	气满声高	口腔似千里轻舟，气息似不绝清流
惧的感情	气提声凝	口腔像冰封，气息像倒流
欲的感情	气多声放	口腔积极敞开，气息力求畅达
急的感情	气短声促	口腔似弓箭，飞剑流星；气息如穿梭
冷的感情	气少声平	口腔松软，气息微弱
怒的感情	气粗声重	口腔如鼓，气息如椽
疑的感情	气细声黏	口腔欲松还紧，气息欲连还断

(二) 语势

有声语言的表达是动态的，一个个字、一句句话从我们的口中流淌出来，就形成了不断起伏的语流。思想感情的不断运动是语流曲折性的内在力量，口腔、气息、声音的丰富变化是语流曲折变化的关键。语流的曲折性和波浪式，是语气丰富变化的外部特征。我们用语势这个概念来说明语气声音形式的特点。

语势"指一个句子在思想感情运动状态下声音的态势，或者说，是有声语言的发展趋向。这中间，包括气息、声音、口腔状态三大部分"。

语流的曲折变化是丰富的，"语无定势"更说明了语势运用没有什么定律。但我们仍试图将语势的基本形态描述一下，为使大家对语势的曲折性能有直观的了解，为使我们能够在表达中自觉地运用它，使我们的语言更有变化性，我们把有声语言的语势归纳为以下四种基本形态。

(1) 升调（↑）：声音的发展态势是由低向高行进，一般用于表达疑问、反问、惊异等感情。

① 你以为这是什么车？旅游车？（反问）
② 你不是去北京旅游了吗？（疑问）
③ 难道他回来了？（疑问）

(2) 降调（↓）：声音由高向低发展，一般用于表达肯定、坚决、赞美、祝福等感情。

① 我不同意你的观点，但我誓死捍卫你说话的权利。（肯定、坚决）
② 只有莲花才能比得上你的圣洁，只有月亮才能比得上你的冰清。（赞美）
③ 让幸运的阳光走进你的窗，让幸福和快乐悄悄飞到你身旁，在快乐中抽一根快乐的线，为你织一件好运的衣裳，在幸福里磨一根幸福的针，为你钉上永远的吉祥！（祝福）

(3) 平调（→）：语势平稳舒缓，没有明显的升降变化，一般用于表达庄严、悲痛、冷淡等感情。

① 那悲痛的日子断断续续持续了很久。（悲痛）
② 就在那年秋天，母亲离我们去了。（悲痛）
③ 我再也不会管他了。（冷淡）

(4) 曲调（↗、↘）：全句语势起伏，或先升后降，或先降后升，往往把句子中需要突出的词语拖长着念，一般用于表达讽刺、厌恶等感情。

囚 歌
叶挺

为人进出的门紧锁着，（→平调，冷眼相看）
为狗爬走的洞敞开着，（→平调，陈述性语言）
一个声音高叫着：（↗曲调，嘲讽）
——爬出来吧，给你自由！（↘曲调，诱惑）
我渴望着自由，（→平调，庄严）
但也深知道——（→平调）

人的身躯哪能由狗的洞子爬出！（↑升调，蔑视、愤怒、反击）

我只能期待着，那一天——（→平调）

地下的火冲腾，（↑稍向上扬，语义未完）

把这活棺材和我一齐烧掉，（↓降调，毫不犹豫）

我应该在烈火和热血中得到永生！（↓降调，沉着、坚毅、充满自信）

课后练习

请你给下面这首诗标上语势，并朗读。

死　水

闻一多

这是一沟绝望的死水，
清风吹不起半点漪（yī）沦。
不如多扔些破铜烂铁，
爽性泼你的剩菜残羹。
也许铜的要绿成翡翠，
铁罐上锈出几瓣桃花；
再让油腻织一层罗绮，
霉菌给他蒸出些云霞。
让死水酵成一沟绿酒，
漂满了珍珠似的白沫；
小珠笑一声变成大珠，
又被偷酒的花蚊咬破。
那么一沟绝望的死水，
也就夸得上几分鲜明。
如果青蛙耐不住寂寞，
又算死水叫出了歌声。
这是一沟绝望的死水，
这里断不是美的所在，
不如让给丑恶来开垦，
看它造出个什么世界。

【分析】《死水》是现代诗人闻一多创作的一首诗歌，通过对"半封建半殖民地旧中国"多角度、多层面的谱写，揭露和讽刺了腐败不堪的旧社会，表达对当时统治环境的愤懑之情和深沉的爱国主义感情。这首诗每节押韵，读起来节奏分明，音韵铿锵；外形方正整齐，形成均衡美、对称美；注意挖掘语言的色彩感，构成美丑迥异、富有暗示性的画面。

第三章 朗读训练

第一节 朗读的定义

情境导入：请大声朗读下面的诗歌，体验朗读的感觉。

青春万岁

王蒙

所有的日子，所有的日子都来吧，
让我们编织你们，用青春的金线，
和幸福的璎珞，编织你们。
有那小船上的歌笑，月下校园的欢舞，
细雨蒙蒙里踏青，初雪的早晨行军，
还有热烈的争论，跃动的、温暖的心……
是转眼过去的日子，也是充满遐想的日子，
纷纷的心愿迷离，像春天的雨，
我们有时间，有力量，有燃烧的信念，
我们渴望生活，渴望在天上飞。
是单纯的日子，也是多变的日子，
浩大的世界，样样叫我们好奇，
从来都兴高采烈，从来不淡漠，
眼泪，欢笑，深思，全是第一次。
所有的日子都去吧，都去吧，
在生活中我快乐地向前，
多沉重的担子，我不会发软，
多严峻的战斗，我不会丢脸，
有一天，擦完了枪，擦完了机器，擦完了汗，

我想念你们，招呼你们，

并且怀着骄傲，注视你们！

【分析】 这首诗是长篇小说《青春万岁》的序诗。小说可以说就是作者及其同时代人流金岁月中最令人难忘的故事。这首序诗写出了那个时代的青年人特有的燃烧的、沸腾的激情。在经历了战争、苦难之后，面对新生的祖国，他们从心底发出了真切的呼唤。渴望与向往、誓言与畅想，无一不展示了那个时代青年人特有的献身祖国、建设祖国的自豪与责任、豪情与壮志。

一、什么是朗读

朗读即朗声读书，是指使用普通话将书面文字转化为清晰、响亮、富有感情的语音，是将视觉形象转化为听觉形象的创作活动。朗读是一门艺术，需要创造性地设计语气，使无声的书面语言变成生动的口头语言，通过朗读，最大程度地表现作品想要表达的内容。如果说写文章是一种创造活动，那么朗读则是一种再创造。

二、朗读的作用

朗读的作用是多方面的，主要可以归纳为以下几个方面。

（一）朗读能够陶冶情操，提升艺术鉴赏力

朗读是人们艺术欣赏、情感抒发的重要方式，是进行思想宣传、情操教育的有效手段。"情动于中而形于言。"优秀的书面语作品，特别是文学作品，总是富含深刻的思想和真挚的情感，是艺术语言和思想感情的高度统一。朗读者通过对作品的感知和理解、语气的还原，使自己与作者的思想感情相融合。伴随着生动的词语、抑扬顿挫的旋律，朗读者与听众的心灵得到净化，文学鉴赏力也能够得到提高。

（二）朗读能提升写作能力和口语表达能力

教育学家叶圣陶曾经说过："读文章，写文章，最好不要光用眼睛看，光凭手写，还要用嘴念。把别人写的文章念出来，比光看容易吸收。有感情的作品，念几遍就容易领会。自己写了东西也要念，遇到不顺的地方，就是要修改的地方。好文章，要多念。"这段话清楚地表明了阅读理解、作品写作与朗读的关系。至于口头表达，一个人的口语能力强，主要表现为言辞得当，表达自如，发音纯正，吐字清晰，同时有中心，有主次，干净利落，形象生动。朗读不仅能够培养形象思维、逻辑思维的能力，而且能够锻炼发音，丰富词汇，增强语感，从而提高口头语言的表现力和感染力。

（三）朗读是课堂教学的基本形式

"读书百遍，其义自见。"在幼儿园教学过程中，朗读是至关重要的环节。任何一篇故事的教学，没有朗读就不能很好地完成教学任务。教师绘声绘色地朗读，能够引导幼儿融入作品的情景与事理之中，增强作品的感染力，激发幼儿阅读的兴趣。指导学生朗读，能使学生积极地运用眼、口、心、

脑来深入地理解作品，细致地体味作品所叙述的事、理、情，发现语句、段落之间的内在联系，感受语言组织的精妙和优美。朗读同样是其他课程教学的主要手段之一。在教学过程中，若在重要之处清晰地朗读教材内容，无疑会帮助学生增强记忆、加深理解，在讲解分析中，适当地引诵相关著名诗句，对启发学生的智力，活跃课堂气氛，提高学习效率都是非常有益的。

（四）朗读在教师口语训练中有着特殊的作用

朗读是普通话基础训练的延续，又是说话训练和教师职业口语训练的必要准备。通过书面语言的朗读，能够不断巩固和提高普通话基础训练的成果，纠正方言。此外，还能够不断学到和积累大量词语和句式，学到灵活多样的言语组织技巧和表达方式，为进行说话训练和教师职业口语表达打下较好的基础。

三、朗读的特点

（一）朗读是一种"说"的形式

朗读是将文字符号转化为有声语言形式的一种活动，属于"说话"的范畴。它要求朗读者将文字符号通过发音器官"说"出来，因此是一种语言输出形式。

（二）朗读是一种"读"的形式

朗读是一种语言的输入形式。因为朗读者只有通过视觉"看"到文字并将文字转化为相应的语言形式才能进行朗读。朗读时不仅要求眼、脑参与，而且有发音器官的参与。从读的目的来看，朗读不仅要获取信息，有时还要传递信息。

（三）朗读是一种"听"的形式

朗读者在朗读时，将无声的文字符号转变成了有声的语言，在这一连续的过程中，朗读者本身无论是有意的还是无意的，都会听到自己发出的语言信息。

总的来说，朗读是一种语言信息处理和转换的过程。它将视觉方面的语言信息加以理解和加工，再将信息内容转化为语言表达出来。这样，个人对言语的听、说和理解都能得到锻炼。

四、朗读的基本要求

朗读应该使用规范的普通话。朗读时要求声、韵、调到位，吐字清晰，音色圆润，声音有一定的响度。

朗读时，要忠实于原作品，做到不丢字、不添字、不改字、不读错字音，要读得语句流畅自然。朗读者的任务，是把书面作品的内涵，通过自己的有声语言创造性地再现给听众。因此，朗读者既要与作者心灵沟通，又要与听众神情交流；既要感染自己，又要使听众产生共鸣。这就要求朗读时既不能拿腔拿调，又不能毫无感情。要做到"读而不板，说而不演"，才能达到声情合一、返璞归真的境地。朗读者的身份只能是朗读者自己，既不能是文学作品的代表或者化身，更不能去扮演作者或者作品中的人物（幼儿故事中分角色朗读除外）。

朗读时，要避免机械地把文字变成声音，单纯按照字读音，或从头到尾没有高低起伏，没有感情色彩和没有抑扬顿挫的"念字式"和"念经式"，要根据作品的内容、风格，以及朗读者的语言条件，采用不同的方式和技巧去朗读，把握好朗读的分寸，做到正确理解与准确表达的统一、思想感情与语言技巧的统一、表达形式与题材风格的统一。

请大声地朗读以下几篇文章。

人 与 海
夏尔·皮埃尔·波德莱尔

自由的人，你将永把大海爱恋！
海是你的镜子，你在波涛无尽，
奔涌无限之中静观你的灵魂，
你的精神是同样痛苦的深渊，
你喜欢沉浸在你的形象之中；
你用眼用手臂拥抱它，
你的心面对这粗野、狂放不羁的呻吟，
有时倒可以派遣自己的骚动。
你们两个都是阴郁而又谨慎：
人啊，无人探过你的深渊之底；
海啊，无人知道你深藏的财富，
你们把秘密保守得如此小心！
然而，不知过了多少个世纪，
你们不怜悯，不悔恨，斗狠争强，
你们那样地喜欢残杀和死亡，
啊，永远的斗士，啊，无情的兄弟！

【分析】诗人通过诗歌把自己的痛苦、绝望、忧郁、迷惑、悔恨等感情充分表达了出来，反映了法国资产阶级民主革命失败后一部分知识分子的思想混乱和精神危机。作者的诗既有浪漫主义的主观情调，又有现实主义的客观反映。这首诗，完美的形式同内容的悲观苦闷形成了鲜明的对比。

不朽的胡杨

我曾钟情于黄山的松，也曾留恋于长白山的白桦，可是，最让我刻骨铭心的却是那不朽的胡杨！沙漠绵延，沙海茫茫，平填了万亩碧湖。千里青河，吞噬了无数铁血的男儿，断送了无数柔情的女子；城郭坍废，村庄消失，万劫不复中只有胡杨——神奇、傲岸地耸立在无边无际的沙海中。生者苍翠挺拔，春满生机，秋染斜阳；死者傲然挺立，不卑不亢，傲视风暴；任岁月沧桑，任大漠迷茫。它始终坚守着梦中的家园。胡杨是沉默的，沉默是一种珍贵的不可多得的品质，沉默的胡杨是无语的宣言，挑战沙漠的宣言，它以一千年不死的绿意，死也一千年不倒的精神，倒也一千年不朽的骨骼，震慑着沙漠。沉默的勇士是不可摧毁的，我相信沉默的力量。沧海桑田，岁月作证，沙漠的死亡之神，永远也无法渗透胡杨的灵魂。在语言也无法触及的灵魂里，潜藏着怎样的智慧和力量？沉默的胡杨给予我无知的亢奋，也将我世俗的愚昧的欲望一点点湮没，它让我的灵魂得以提高和升华。胡杨孤寂而神秘，它以一种绝美的姿态，在沙漠站立成一道绝世的风景。它让我心潮澎湃、心灵震撼。那是一种刺破心扉、深入骨髓的震撼。不倒的胡杨透露出坚韧和刚毅，让人崇敬和仰望，震慑着万物和生灵。纵横于死亡之海的人都会被它不屈的精神和顽强的生命力所折服，这种折服足以使他们以滴血的姿态与胡杨融为一体，真切地感悟生命的绝唱。仰望死去的胡杨，就如同瞻仰一座英雄的丰碑，它让人热血沸腾，心灵颤动。我不是基督徒，但在胡杨不倒的躯体面前，我却要以一个基督徒的虔诚向它顶礼膜拜。人有一种死不叫死，而叫作万古，树有一种枯不叫枯，而叫作千秋。胡杨虽死，精神万古，胡杨虽枯，豪气千秋！

【分析】 胡杨是一种古老的树种，具有极强的生命力。胡杨生长期漫长，由于风沙和干旱的影响，很多胡杨树造型奇特、诡异，有"活三千年不死，死三千年不倒，倒三千年不朽"的说法。全世界的胡杨绝大部分生长在中国，而中国90%以上的胡杨又生长在新疆塔里木河流域。秋天是胡杨辉煌的季节，那金黄色的、金红色的、金棕色的、金紫色的胡杨与湛蓝湛蓝的天空交相辉映，奏响了生命之魂的赞歌……朗诵时，应掌握这些背景资料，做到气势雄浑，大气磅礴，声随情动。

精致女子之张爱玲

沪上烟雨渐行渐远，入秋的风把这个城市修理得那么清凉，凉透得让人不禁赞叹几声。这个城市在薄薄的历史尘埃里，掺杂了辣椒的火热，又投入了砂糖的颜色，输于嗅觉的热泪盈眶，收于味觉的咀嚼，而偎依在屋檐斜窗旁穿着旗袍的女子似乎诠释了它的全部！

梦！寻梦！有时候梦就像浮在树叶间薄薄的纱，美的时候又是那么轻易地破灭；有时候就像千年尘封的秘密，沉沉地入海。在未解开潘多拉魔盒之前，每个人似乎都是天才，都在放飞思维的翅膀，飞翔、远航！

她也有一个梦！关于一个天才的梦，一个女孩是那么渴望世界的微光，就像北极的极光一样神奇、绚丽多彩。这个梦，或许也就是因为这个梦，为了这个梦，她苦苦地在人生黯淡的时候走着、走着！孤独、寂寞都不怕……

即使世界给不了现世安稳，我们也要给世界一个精彩。也许你会艳羡她的身世，与那么多的布衣百姓可欲而不可求得的脉络，千丝万缕！事实却是那样的截然不同，童年的张瑛寄宿在学校里度过，母亲又不在身边，所以姑姑的牵绊成了她儿时最深的回忆，苦却快乐着也只是那个时候给予的馈赠。

温暖！有时候只是在你跌倒的时候，有亲人出现时热泪盈眶的感动；坚强！有时候只是在你跌倒的时候，无人问津时强抑住眼泪的苦涩。在冷冷的心里边容纳过的风雨也变得冷涩，也许只有文字轻弹慢诉，才会足以疗伤。所以她没有停下来过，笔尖总是流淌着涓涓文字，潺潺如流水，好似那埋藏在心底的情愫，明净得可以照得见人影。

一炉沉香，就是一段文字，一个轻声慢诉的低低私语！一炉沉香的时间仿佛已经过去万重年光。不幸如她，不幸的文字里的她还是年纪轻轻就必须经历尘世纷扰的她，有时候看她的文字，错落地将自己幻化成了故事里的一团烟刹。

她是那么的努力、坚持，也许在不幸的环境中成长的人，最懂得该以什么样的姿态去绽放，所以在未能赴圣约翰大学的她去了香港大学，继续探寻那梦，据说美丽无瑕的缥缈。战争的烽火点燃，易碎的梦似乎只是在半空中停滞的萤火，点点看不到前尘。也许于她，也只有文字才是最好的药，可以疗伤，慰藉那心中隐隐揪心的东西。

笔能生花，墨纸里飘洒的点点流沙，只觉得那么美，特别是在最后一颗星辰慢慢升起的时候尤其美。不停地写，不停地写。《等》的《花凋》，等到《爱》，《走！走到楼上去!》。忘不了的画是红玫瑰和白玫瑰身上装饰着的旗袍翩翩走来！

爱情！之于任何人都是那光和热，触及到的是那么怦然心动。

冷得像风，在乱世中小心翼翼地行走着，给你一双手紧紧地相扣，那该是多么的令人心动。怎敌得过许"现世安好，岁月静好"的许诺！真的，那个时候，冰冷的心也晕开了雾气，朦胧中的醉意最是识得真情。前方道路坎坷得似滂沱雨下的泥泞，也不顾得去爱。即使到了最后还是放不下，她叹道："你到底是不肯。我想过，我倘使不得不离开你，亦不至于寻短见，亦不能再爱别人，我将只是萎谢了。"

或许那个时候也正值是秋天，也是一场雨。这场雨下得很猛烈，也冲刷了他们曾经的倾城之恋。"世钧，我们再也回不去了，对吗？"真的回不去了，过去就让它过去吧！短的是人生，长的却是磨难。

唯有淡淡的文字，文字在深深的夜色里那么乖巧地聆听着你心底的呐喊！甜也好，苦也罢！

字字珠玑，她的文字那么痛彻地描摹着前世今生。人生是苍凉的手势，你死了，我的故事就结束了，而我死了，你的故事还长得很。还是在秋，这凉开始渐渐来到，在洛杉矶的家中她轻轻地走了，像风一样的轻！她走了，故事没有结束！……

第二节　朗读的技巧训练

情境导入：试着使用抑扬顿挫的腔调朗读下面这篇作品。

最美好的时刻

人，在他的一生中有一段最美好的时刻。记得我的这一时刻出现在八岁那一年。那是一个春天的夜晚，我突然醒了，睁开眼睛，看见屋子里洒满了月光，四周静悄悄的，一点声音也没有。温暖的空气里充满了梨花和忍冬树丛发出的清香。

我下了床，踮着脚轻轻地走出屋子，随手关上了门，母亲正坐在门廊的石阶上，她抬起头，看见了我，笑了笑，一只手拉我挨着她坐下，另一只手就势把我揽在怀里。整个乡村万籁俱寂，临近的屋子都熄了灯，月光是那么明亮。远处，大约一英里外的那片树林，黑压压地呈现在眼前。那只看门狗在草坪上向我们跑来，舒服地躺在我们脚下，伸展了一下身子，把头枕在母亲外衣的下襟。我们就这样待了很久，谁都不出声。

然而，在那片黑压压的树林里却并不那么宁静——野兔子和小松鼠、负鼠和金花鼠，它们都在那儿奔跳、欢笑；还有那田野里，那花园的阴影处，花草树木都在悄悄地生长。

那些红的桃花，白的梨花，很快就会飘散零落，留下的将是初结的果实；那些野李子树也会长出滚圆的、像一盏盏灯笼似的野李子，野李子又酸又甜，都是因为太阳烤炙的，风雨吹打的；还有那青青的瓜藤，绽开着南瓜似的花朵，花朵里满是蜜糖，等待着早晨蜜蜂的来临，但是过不了多久，你看见的将是一条条甜瓜，而不再是这些花朵了。啊，在这无边无际的宁静中，生命——这种神秘的东西，它既摸不着，也听不见。只有大自然那无所不能，温柔可爱的手在抚弄着它——正在活动着，它在生长，它在壮大。

一个八岁的孩子当然不会想得那么多，也许他还不知道自己正沉浸在这无边无际的宁静中。不过，当他看见一颗星星挂在雪松的树梢上时，他也被迷住了；当他听见一只模仿鸟在月光下婉转啼鸣时，他心里有一种说不出的高兴；当他的手触到母亲的手臂时，他感到自己是那么安全、那么舒坦。

生命在活动，地球在旋转，江河在奔流。这一切对他来说也许是莫名其妙的事情，也许已经使他模糊地意识到：这就是生命，这就是最美好的时刻。

【分析】全文描述的是童年时期的休闲时光，文章运用多种方式表达了一种迷恋、喜悦、安全、亲切、挚爱的体验和感受。

一、朗读符号

朗读者在阅读钻研作品、反复推敲作品时，为了更好地再现作品的思想内容，体现朗读的目的，往往在文字中做些标记，我们把这些标记称为"朗读符号"。下面介绍六种常用的、得到大家公认的朗读符号。

(一) 停顿号 ∧

表示一般停顿，可换气也可以不换气。无论有无标点处均可使用。

人们∧从《论语》中∧学得智慧的思考，从《史记》中∧学得严肃的历史精神，从《正气歌》中∧学得人格的刚烈，从马克思∧学得人世的激情，从鲁迅∧学得批判的精神，从托尔斯泰∧学得道德的执着。

(二) 间歇号 ⌒

表示较长时间的停顿、换气，无论有无标点处均可使用。如果用在有标点处，则表示间歇的时间更长些。

然后∧把这雨后的世界，装扮得更美的∧还是那五彩缤纷的≪虹。

(三) 连接号⌒

只用于有标点的地方，连接较紧密，表示缩短原停顿时间，或不停顿连起来读，不换气。

山川⌒、河流⌒、树木⌒、房屋，全都罩上了一层厚厚的雪，万里江山，变成了粉妆玉砌的世界。

(四) 重音号．

表示强调，加重语气或音量。

随着一阵拔尖的刹车声，樱子的一生轻轻地飞了起来，缓缓地，飘落在湿冷的街面，好像一只夜晚的蝴蝶。

(五) 次重音～～

表示次要重音，比重音轻，比其他词语重。

桂林的山真奇啊，……，桂林的山真秀啊，……，桂林的山真险啊……

(六) 短语号＿＿

把需要连接起来读的词或短语连在一起，避免破坏语言的连贯性。

13岁的女孩儿梅莱娜·洛罗写的刻在一块板上的四行诗，于1990年2月11日由苏联宇航员在执行"和平号"轨道站使命时放进太空。这首诗的内容是："如果地球是方的，地球上的儿童就有角落躲藏。但因为它是圆的，所以我们应彼此来往。"

句子或作品中所有的朗读符号都不是孤立的。想要朗读好一句话，就可能要用上多种朗读符号。

二、朗读环节

朗读是把文字变成有声语言的创造性劳动过程，是用有声语言准确、鲜明、生动地表达思想情感的过程。基于本章学习内容，这一过程可分为四大环节。

(一) 第一环节——熟悉作品

熟悉朗读内容，扫清文字障碍。要朗读好一篇作品，必须在朗读之前做好各种准备工作。第一步就是熟悉朗读作品，与作品"相认相识"。朗读者首先要对朗读材料认真阅读，整体感知，对朗读材料的内容有基本的认识和大致的把握。熟悉朗读内容是准确理解和深入作品的基础。

在熟悉朗读内容的同时，要注意扫清文字障碍，规范读音：对一些生字词、异读词的读音需查阅字典加以确认；对词语的轻重格式和语流音变要准确把握；对自己在语音方面的薄弱之处要注意克服。规范读音有助于提高朗读的准确性、庄重感和流畅性。

(二) 第二环节——理解作品

理解作品，就是朗读者准确地认识和把握作品，与作品"相知相交"。

1. 分清朗读对象，确定朗读目的

朗读目的是指朗读者为什么要朗读这篇作品。在确定朗读目的时，一方面要考虑作品的内容和主题思想，同时也不能将朗读目的和作品的主题思想完全等同起来。朗读目的应既包含作者当时的写作意图，也包含朗读者个人的感受和现实的愿望。朗读目的与朗读对象也有重要的关系。因为朗读的过程是朗读者与听众相互感应的过程，区别对待不同的朗读对象，是实现朗读目的的重要环节。就幼儿教师而言，朗读幼儿故事与朗读日常行为规范的方式方法也是不同的。

2. 确定朗读基调，设计朗读符号

对作品的选材立意、构思布局、表现手法、语言特色等要认真推敲，准确理解。同时，还应对作品的写作背景、作者的写作目的、思想倾向等有所了解。通过反复阅读，从整体到局部、从局部到整体，仔细揣摩，把握作品的人文内涵和艺术风格。在此基础上，确定朗读基调。基调是指作品的基本情调，即朗读的主要感情基调。作品中常见的感情基调有激昂、悲哀、深沉、忧伤、喜悦、悲凉、热爱、赞美、欢快、质朴等。在确定感情基调后就可以在作品中画上朗读符号，以便朗读时参考。

(三) 第三环节——感受作品

如果说理解作品是与作品"相知相交"，那么感受作品则是要细致地品味作品，与之"深知深交"。

感受作品，是指朗读者通过作品的文字刺激产生内心体会和体验的过程，即透过语言文字的符号感受到这符号所代表的具体的客观事物，感受到客观事物的存在、运动变化以及它们之间的关系，从而激发出一系列心理活动的过程。

世界是丰富多彩的，有的人感知非常敏锐和细腻，比如音乐家对于声音、画家对于色彩、舞蹈家对于形体和动作等。对外部世界的感知能力直接影响我们的想象力、创造力，朗读也是这样。生活中，每个人的感受都有范围和程度上的差异，对语言文字的感受也不相同。阅历不同、文化素养不同、心境不同、思想感情不同，对作品的理解感受就不同。如果说朗读中理解是基础，表达是目的，那么，感受就是从理解到表达的关键环节。那么怎样才能让自己的感受丰富、生动起来呢？

首先，要充实自己的生活储备，即自己的生活积累，深入生活，观察生活，丰富生活，不断地吸收、探索、挖掘、积累。

其次，要借助于想象和幻想，形成内心事象，产生"情景再现"的感受。让朗读的内容在我们心里、眼里活起来，成为一个个具体的形象、一幅幅生动的画面。

最后，移情的运用也是丰富感受的方法之一。将书籍、报刊、电影、电视剧中感受到的情感体验转移到朗读中来，调动情感运动，唤起情感意识，使自己的情感处于积极的、亢奋的状态中，同时，还需要深入感受，细心揣摩"内在语"。"内在语"是语言中所含的不便表露、不能表露或者没有完全表露的语义，即人们常说的"话中有话""弦外之音"。

感受可以分为两大类：形象感受和逻辑感受。

第三章 朗读训练

1. 形象感受训练

形象感受指的是朗读者通过视觉、听觉、嗅觉、味觉、触觉、时间空间感受、运动感受等，对所表达的内容中描述的事物进行具体能动的体验。这种感受主要来自于作品中的形象性。朗读者要善于抓住那些表达事物的"实词"，使作品中想象的东西在头脑中"活"起来，产生似乎"看到""听到""闻到""摸到"的真实感受。

（1）层层的叶子中间，零星地点缀着白花，有袅娜地开着的，有羞涩地打着朵儿的；正如一粒粒的明珠，又如碧天上的星星。微风过处，送来缕缕清香，仿佛远处高楼上渺茫的歌声似的。

（2）江南的雪，可是滋润美艳之至了，那是还在隐约着的青春的消息，是极健壮的处子的皮肤。雪野中有血红色的宝珠山茶，白中隐青的单瓣梅花，深黄色的磬口的腊梅花，雪下面还有冷绿的杂草……

（3）当温热的肉体一接触冰冷的水时，它的感觉并不是冷，恰恰相反，倒像被火燎一下或是感到一把烧热的刀子在全身狠狠一刮。这个感受倏地一过，那种彻骨的凉意才刷地一下子浸过来，紧接着像有千万支冰针穿皮肉而进，在骨头上啮着、锯着、钻着……

（4）秋天带着落叶的声音来了。早晨像露珠一样新鲜。天空发出柔和的光辉，澄清又缥缈，使人想听见一阵高飞的云雀的歌唱，正如望着碧海想看见一片白帆。

2. 逻辑感受训练

朗读中的逻辑感受，是朗读者在阅读作品时，对作品内容中事物间的逻辑关系所产生的一种感受；是朗读者对朗读材料的思想发展脉络以及层次、语句的关系的感受，是对作品中的概念、判断、推理，一环扣一环形成的逻辑链条所产生的一种反应。在朗读时，应将作品的主次、并列、转折、递进、对比、总括等"文路"，在逻辑感受过程中转化为朗读者的思路，进而形成内心的"语流"，以增强有声语言表达的征服力。

朗读时，作品中的概念、判断、推理、论证，全篇的思想发展脉络、层次，以及语句之间的内在联系，在朗读者头脑中形成的感受，就是逻辑感受。常见的逻辑感受有并列感、对比感、递进感、转折感、主次感、总括感等。

形象感受与逻辑感受并不是孤立存在的，朗读时，既要注意具体感受，又要注意整体把握，综合运用。

（1）不论走到什么地方，人总是爱他的故乡的。尽管他乡的水更甜，山更青，他乡的少女更多情，他乡的花草湖光更温柔。然而，人仍然是爱他的故乡的，爱他的粗朴的茶饭更好吃，爱他的乡音更入耳，爱他淳朴的丝弦更迷人。

（2）有人这样形容"灵感"，说它是茫茫夜空中的流星，虽然转瞬即逝，却光彩夺目；也有人这样讲，灵感是智慧女神的使者，只有最聪明的人才能看到这位使者的尊容。

（3）大海的神奇，是因为它拥有太阳，融化阳光，把赤橙黄绿青蓝紫尽收于自己的调色板；大海的强大，是因为它聚集风雨雷电，把自然的伟力变成自己的能量；大海的富有，是因为它千年的积攒，把珍珠宝贝深深地收藏；大海的永恒，是因为它敞开胸怀，汇合滚滚大江和涓涓细流。

(四) 第四环节——技巧的综合运用

朗读者在有了内心感受的基础上，还需要运用前面学到的表达技巧将作品的思想内容和情感表达出来。想要朗读好一篇作品，就必须将重音、停连、语势等融会贯通，综合运用。

父爱不老

轮船在黑暗中行驶，有灯塔指引方向，去一个景点旅游，也总有导游引领方向。而在我的成长之路上，也有一个人，他就像灯塔与导游一样，引导我走向成熟，逐渐成长。他就是——父亲。

父亲是一个很平凡的庄稼汉，个子不高，浑身皮肤黝黑。可是就是这样一个人，却给了我巨大的影响。初学书法，是出于好奇，自然没写多久便想放弃了。然而父亲却认为：我既然已经选择了书法，就应该坚持到底。于是他每天将字帖中的运笔过程用水笔一笔一画勾出来，让我临摹。我无法逃避，只好日复一日，年复一年地练习着。每天，他回到家都要检查，如若我不认真，字写得潦草了，他便要大声训斥一顿，说："你这点小事都不认真去做，以后怎么能去做大事？"就这样，在枯燥无味的练习中，我也逐渐喜欢上了这项具有独特魅力的艺术，而父亲的态度也起了不小的变化。

以前若有一天不练字，他便会怒目圆睁，不断地责骂。现在，两天不练，他依旧骂，可语气中却明显多了丝平静与慈爱。每当我有了进步或写了一个极好的字，他便会止不住地表扬。开始，我不敢写对联，怕出丑，可是他却说："没事，就算写坏了也没关系，这样才能更直观地看到自己的不足。"就这样，我从写对联开始，到自己创作，再到参加比赛，直至获奖。在这一路上，都有他的严格要求与鼓励陪伴。而我也不忘他的陪伴——在前年的父亲节，我创作了一副至今为止写过字数最多、难度最大的作品《饮酒》送给了他。

上了初中，他就更像我的朋友、兄弟。每天茶余饭后都要聊聊天，说说生活、学习中的趣事，聊聊国家大事。每当我有了困惑与委屈，他总是在一旁仔细聆听，帮我仔细分析，给我建议与忠告。当我遇到挫折，他又给我鼓励，给我勇气。他又像一个老学者，告诉我许多朴实的道理。

世人都赞颂母爱的无私，却极少有人歌颂父亲的伟大。其实两者的本质都相同，只是一个表现得比较直接，而另一个则比较含蓄，对于我来说，两者缺一不可。

岁月洗刷着父亲的容颜，他的背也开始弯曲。可在我心中，他的身躯永远如山般高大雄伟，他的爱也如山一般伟大。大山不会老去，父亲的爱也不会老去。他的爱会伴随着我的一生，令我的成长永恒！

【分析】本文用朴实无华的语言刻画了质朴的父亲，表达了对父亲的赞美与敬仰。

朗读者朗读作品，均可用朗读的四环节来处理，但是不同的文体，侧重点有所不同。一般来说，诗歌、散文等比较抒情的作品，应着重把握并表现其感情脉络和抒情线索；童话、寓言、小说等作品，因其叙事性较强，应着重把握并表现作品的情节和人物性格；说明文等平实性的作品应着重把握对事物性质、功用的介绍，对事理关系的阐述，要求念得准确、清楚、平实。把握各类文体朗读处理"共性"有助于朗读者从整体上把握作品，取得事半功倍的效果。每一个作品又都有其鲜明的"个性"，朗读者最终要根据具体文本的"个性"，灵活自如地运用表达技巧表现作品的内容和感情。

女人和女人之间

张小娴

女人和女人之间的姐妹情或许不及男人的兄弟情来得义薄云天、肝胆相照、歃血为盟,却较长久。

男人和男人的友情可能是抛头颅、洒热血。

他们为兄弟做的事,包括:

他比自己不济嘛,找份好工作安置他、提拔他。

有人看不起他,便不顾一切挥拳打之。

在他无能为力时,照顾他妻儿。

若一朝决裂至无可挽救的地步,他们比较决绝,从此各走各路。

但女人的姐妹之情并非押在一个义字之上。女人之情是心声互诉,寂寞相伴。小时候,两个男孩子不会相约一起去洗手间,女孩子却会。

女人的友情是由一起读书、唱歌、逛街、扮靓开始,进而吐心事,谈男人,同悲同喜。

不过,即使十年友情,一言不合也足以令两个人翻脸。

但只要其中一方耐不住寂寞,她们还是会和好如初的,因为女人有太多心事要说给女人听。

所以,男人不用奇怪为什么你的女朋友不断诉说姐妹的不是,却不断和她煲电话粥。

走 向 远 方

汪国真

是男儿总要走向远方,走向远方是为了让生命更辉煌。走在崎岖不平的路上,年轻的眼眸里装着梦更装着思想。不论是孤独地走着还是结伴同行,让每一个脚印都坚实而有力量。

我们学着承受痛苦。学着把眼泪像珍珠一样收藏,把眼泪都贮存在成功的那一天流,那一天,哪怕流它个大海汪洋。

我们学着对待误解。学着把生活的苦酒当成饮料一样慢慢品尝,不论生命经过多少委屈和艰辛,我们总是以一个朝气蓬勃的面孔,醒来在每一个早上。

我们学着对待流言。学着从容而冷静地面对世事沧桑,"猝然临之而不惊,无故加之而不怒",这便是我们的大勇,我们的修养。

我们学着只争朝夕。人生苦短,道路漫长,我们走向并珍爱每一处风光,我们不停地走着,不停地走着的我们也成了一处风光。

走向远方,从少年到青年,从青年到老年,我们从星星走成了夕阳。

幽径悲剧（节选）

季羡林

  从此以后，我最爱的这一条幽径，我真有点怕走了。我不敢再看那一段悬在空中的古藤枯干，它真像吊死鬼一般，让我毛骨悚然。非走不行的时候，我就紧闭双眼，疾趋而过。心里数着数：一，二，三，四，一直数到十，我估摸已经走到了小桥的桥头上，吊死鬼不会看到了，我才睁开眼走向前去。此时，我简直是悲哀至极，哪里还有什么闲情逸致来欣赏幽径的情趣呢？但是，这也不行。眼睛虽闭，但耳朵是关不住的。我隐隐约约听到古藤的哭泣声，细如蚊蝇，却依稀可辨。它在控诉无端被人杀害。它在这里已经呆了二三百年，同它所依附的大树一向和睦相处。它虽阅尽人间沧桑，却从无害人之意。每到春天，就以自己的花朵为人间增添美丽。焉知一旦毁于愚氓之手。它感到万分委屈，又投诉无门。它的灵魂死守在这里。每到月白风清之夜，它会走出来显圣的。在大白天，只能偷偷地哭泣。山头的群树，池中的荷花是对它深表同情的，然而又受到自然的约束，寸步难行，只能无言相对。在茫茫人世中，人们争名于朝，争利于市，哪里有闲心来关怀一棵古藤的生死呢？于是，它只有哭泣，哭泣，哭泣……世界上像我这样没有出息的人，大概是不多的。古藤的哭泣声恐怕只有我一个能听到。在浩茫无际的大千世界上，在林林总总的植物中，燕园的这一棵古藤，实在渺小得不能再渺小了。你倘若问一个燕园中人，决不会有任何人注意到这一棵古藤的存在的，决不会有任何人关心它的死亡的，决不会有任何人为之伤心的。偏偏出了我这样一个人，偏偏让我住到这个地方，偏偏让我走这一条幽径，偏偏又发生了这样一个小小的悲剧；所有这一些偶然性都集中在一起，压到了我的身上。我自己的性格制造的这一个十字架，只有我自己来背了。奈何，奈何！但是，我愿意把这个十字架背下去，永远永远地背下去。

第三节　诗歌朗读训练

情境导入： 试着有感情地朗读下面这首诗。

窗前一株紫丁香

滕毓旭

踮起脚尖儿，
走进浓绿的小院，
我们把一株紫丁香，
栽在老师窗前。
老师，老师，
就让它绿色的枝叶，

伸进您的窗口，
夜夜和您做伴。
您听，您听，
绿叶在风里沙沙，
那是我们给您唱歌，
帮您解除一天的疲倦。
您看，您看，
满树盛开的小花，
那是我们的笑脸，
感谢您时时把我们挂牵。
夜深了，星星困得眨眼，
老师，快休息吧！
让花香飘进您的梦里，
那梦啊，准是又香又甜。

【分析】这是一首句式短小、富有韵律的幼儿诗歌。几个生动的形象构成了一幅幅美丽的画面。朗读时应抓住重点的几个词，表现出对老师的热爱和关心。

诗歌作为一种文学体裁，具有抒情性，重在表达人的自我内心世界和抒发对自然、社会、人生的心灵感受。

一、诗歌的特点

1. 想象丰富，情感强烈

诗歌饱含着诗人丰富的想象和强烈的感情，高度集中地反映了诗人的所见所闻。托尔斯泰说过："诗是人们心里燃烧起来的火焰。"这个比喻生动地说明了诗歌的抒情性。

木兰词·拟古决绝词柬友
纳兰性德

人生若只如初见，何事秋风悲画扇。
等闲变却故人心，却道故人心易变。
骊山语罢清宵半，泪雨霖铃终不怨。
何如薄幸锦衣郎，比翼连枝当日愿。

【分析】这是一首拟古之作，是以女子的口吻控诉男子的薄情，借闺怨表达怨情背后的深层痛苦，并借此表态与之决绝。

译文：与意中人相处应当总像刚刚相识的时候，是那样的甜蜜，那样的温馨，那样的深情和快乐。但你我本应当相亲相爱，却为何成了今日的相离相弃？如今轻易地变了心，你却反而说情人间就是容易变心的。

我与你就像唐明皇与杨贵妃那样,在长生殿起过生死不相离的誓言,却又最终作决绝之别,即使如此,也不生怨。但你又怎比得上当年的唐明皇呢,他总还是与杨贵妃有过比翼鸟、连理枝的誓愿。

2. 节奏鲜明,韵律和谐

诗歌的语言随着诗人感情的起伏、波动而呈现有节律的变化。一般来说,表现轻松喜悦的情感,诗歌的节奏就明快;表现昂扬激越的情感,诗歌的节奏就急促有力;表现悲哀伤感的情感,诗歌的节奏就缓慢低沉。鲜明的节奏和韵律,使诗歌朗朗上口,悦耳动听,极富音乐美。

3. 语言简练而形象

马雅可夫斯基曾把诗歌中的每一个字比作从千百吨矿石中挑选出来的精品。比如在《望庐山瀑布》中,一个"挂"字,化动为静,突显了远望瀑布的静态感及其灿若珠帘、洁如白练的壮美感。"疑"字既真切地表达了诗人仰观飞瀑时一刹那间的心灵感受,又符合瀑布高接云天的实际情景。

二、诗歌的朗读技巧

1. 认真感知诗歌内容

朗读诗歌时,首先要准确理解和把握作品的思想内容,透过内容将情感渗透于诗句的字里行间,以此确定朗读一首诗时的感情基调。

雨　巷
戴望舒

撑着油纸伞,独自
彷徨在悠长、悠长
又寂寥的雨巷,
我希望逢着
一个丁香一样的
结着愁怨的姑娘。
她是有
丁香一样的颜色,
丁香一样的芬芳,
丁香一样的忧愁,
在雨中哀怨
哀怨又彷徨;
她彷徨在这寂寥的雨巷,

撑着油纸伞
像我一样，
像我一样地
默默彳亍着，
冷漠，凄清，又惆怅。
她静默地走近
走近，又投出
太息一般的眼光，
她飘过
像梦一般的，
像梦一般的凄婉迷茫。
像梦中飘过
一枝丁香的，
我身旁飘过这女郎；
她静默地远了，远了，
到了颓圮的篱墙，
走尽这雨巷。
在雨的哀曲里，
消了她的颜色，
散了她的芬芳，
消散了，甚至她的
太息般的眼光，
丁香般的惆怅。
撑着油纸伞，独自
彷徨在悠长，悠长
又寂寥的雨巷，
我希望飘过
一个丁香一样的
结着愁怨的姑娘。

【分析】 此诗的音乐感很强，我们很容易感受到它的舒缓、低沉而又优美的旋律和节奏，也很容易感受到它所抒发的情感——凄清、哀怨和惆怅。诗一开篇，诗人就给我们描绘了一幅梅雨季节江南小巷的图景：白墙黑瓦的建筑物之间，小巷曲折而悠长；正是梅雨季节，天空阴沉沉的，小雨淅淅沥沥地下个不停。诗人一人在雨巷中独行；而他彷徨不定的步态则分明透露着他内心的孤寂和苦闷之情。小巷、细雨、撑着油纸伞的孤独诗人以及他的彷徨步态——这就是这首诗的开头几句所展示给我们的镜头。

丁香花开在仲春时节，花色或白或紫，给人柔弱、娇美而又纯洁、庄重的感觉。丁香花娇美却易凋谢，中国古代的诗人对着丁香往往伤春，说丁香是引愁之物。在中国人（尤其是文人）心中，丁香逐渐成为美丽、高洁、柔弱、愁怨之类性质或具有这类性质的事物的象征。《雨巷》中出现的"姑娘"就是全面具有中国古代诗人赋予丁香的上述性质的一个女性形象——她既具有丁香的美丽姿态和颜色，又具有丁香的高洁和芬芳，还具有（古代诗人赋予）丁香忧愁与哀怨的特点。

这样一个宛如丁香魂魄所化身的"姑娘"，一经诗人的想象而创造出来之后，也就似乎有了自己的生命。

诗中所写的雨巷里，本来只有诗人一个人独行；自"丁香姑娘"出现后，就有两个人在其中行走了；而且，那个姑娘的步态、表情乃至手上的油纸伞都与诗人一样。这样一个人的出现，显然使诗人的心中充满了期待和希望。在"悠长又寂寥的雨巷"中，现在有两个各自孤独的青年男女在活动了，那么，接下来会发生什么呢？这是我们想知道的，（我们可以推想，这）也正是诗人当时所想知道的。

她终于向诗人走近了，（我们可以想见诗人这时的心跳，）可是，她却没有向诗人打招呼，而只是向诗人投出了一道叹息的目光，然后，像梦一般轻盈而不着痕迹地飘过去了！（我们在心底里叫：为什么只是这样啊？）当她从诗人身边飘过去的时候，诗人看到她的表情是一脸的凄婉迷茫。这表情分明透露着：她心里实际上是不愿意与诗人分离的。但因为某些（说不清楚的）原因，她却不得不与诗人失之交臂！这两位心灵相通（甚至连表情和步态都那么一致）的青年男女在雨巷中不期而遇后，竟然又失之交臂，这是多么令人遗憾的事啊！眼睁睁地看着一段可能的美好姻缘就这样失之交臂，诗人是何等的痛心！在恋恋不舍而又深感无奈的情绪状态中，诗人目送着"丁香姑娘"在雨巷中渐行渐远。

等到走过一道"颓圮的篱墙"——这"颓圮的篱墙"正是诗人想与"丁香姑娘"相聚相守这一较为具体的希望破灭的象征——"丁香姑娘"终于消失在雨巷的尽头。但这时的诗人还是处在魂不守舍的状态中，即使不能再看到"丁香姑娘"，他还是在感受着"丁香姑娘"遗留在雨巷的黯淡光线和清冷空气中的颜色和芳香，并为这种颜色和芳香的不断消散而伤感不已。

诗人一个人呆立在雨巷中，久久地回味着刚才与"丁香姑娘"相逢时所感受到的她的色彩、芬芳，甚至她满含叹息和惆怅的目光。但残酷的现实却容不得美好的爱情或理想。

在诗的末尾，诗人似乎将诗的开头所出现的那个镜头又重放了一遍。首尾两节的词句几乎全部相同，只是将其中的"（我希望）逢着"改成了"（我希望）飘过"。这一改，一方面表明诗人并没有完全放弃希望，另一方面却让人感到诗人的希望越来越渺茫了。因而，读到诗的最后一节，我们不禁感到：诗中所渲染的那种理想破灭而又无法挽回的苦闷、哀怨而又无奈、惆怅的情感又加深了一层。

每首诗的感情倾向在大体一致的前提下，又呈现出不同的层次，所以朗读时还是要注意把握作品的抒情层次。

沁园春·长沙
毛泽东

独立寒秋，湘江北去，橘子洲头。

看万山红遍，层林尽染；漫江碧透，百舸争流。

鹰击长空，鱼翔浅底，万类霜天竞自由。

怅寥廓，问苍茫大地，谁主沉浮？

携来百侣曾游，忆往昔峥嵘岁月稠。

恰同学少年，风华正茂；书生意气，挥斥方遒。

指点江山，激扬文字，粪土当年万户侯。

曾记否，到中流击水，浪遏飞舟？

【分析】此词的感情基调是表达革命的激情。但是这种豪情在词中有着丰富而复杂的呈现。词的上半部分写景抒情，展现出一幅辽阔无比的壮丽画卷，下半部分叙事抒情，混杂着多种情感，既有对往事的追忆，又有对反动派的蔑视，还有投身革命洪流的激情。在朗读时要循着作者的情感基调，努力表达出这种主基调下的多层次的丰富诗情。

2. 准确把握朗读技巧

1）掌握好诗歌语言的节奏

诗歌语言的节奏说到底是诗歌情感节奏的表现形式。把握节奏，一是要把握语言形式的抑扬顿挫，二是要把握情感形式的跌宕起伏。语言节奏从形式上主要体现在停顿的位置。

古诗的节奏是天然形成的，现代诗歌的语言节奏需要自行分割。诗歌不是文字的排列，而是词或词组的排列，按词或词组朗读，语言节奏清楚分明。但是这种划分不具有唯一性，在朗读时可以根据个人的理解重新整合。

青 春
席慕蓉

所有的结局/都已写好，

所有的泪水/也都已启程，

却忽然忘了/是怎么样的/一个开始。

在那个/古老的/不再回来的/夏日，

无论/我如何地去追索，

年轻的你/只如云影掠过，

而你微笑的面容/极浅极淡，

逐渐隐没在/日落后的/群岚。

遂/翻开/那发黄的扉页，

命运/将它装订得/极为拙劣。

　　　　　　含着泪/我一读再读，
　　　　　　却不得不承认，
　　　　　　青春/是一本太仓促的书。

注："/"表示诗歌节奏的划分。

【分析】这首诗歌是与消沉无关的慨叹。诗歌开篇仅仅一句"所有的结局都已写好，所有的泪水也都已启程"，那种对青春远逝的无限伤感、那种对生命短暂的无穷幽怨仿佛立刻遮蔽了天空，紧紧攫住了读者的心；就像那启程的泪水汹涌而来，打湿了每一个敏感而脆弱的生命。接着作者开始了对远去的青春岁月的追寻，而这种追寻不但没有让疲惫的心得到慰藉，反而把作者引入到更深沉的慨叹之中："含着泪我一读再读，却不得不承认，青春是一本太仓促的书。"按照常理，慨叹与消沉似乎存在着某种联系，然而在《青春》含泪的叹惋中我们却感受到了追求者执着坚毅的身影，这种慨叹与消沉无关，这种慨叹是绚烂梦想与无情现实碰撞的耀眼火花，这种慨叹是火红青春与平淡生活对比后的强烈反差，这种慨叹是短暂生命与永恒岁月抗争的无奈叹惋。

2）掌握好朗读的速度

朗读诗歌的语速可根据诗歌本身的感情基调来确定，即：表现的内容是欢快的、激动的或者是紧张的，速度要快一些；表现的内容是悲痛的、低沉的或抒情的，速度要慢一些；表现的内容是平铺直叙的，速度采取中等为宜。在同一首诗歌中，语速并非一成不变，应根据诗歌情感的发展，语速随之变化。

发　现
闻一多

　　　　　　我来了，我喊一声，迸着血泪，
　　　　　　"这不是我的中华，不对，不对！"
　　　　　　我来了，因为我听见你叫我；
　　　　　　鞭着时间的罡风，擎一把火。
　　　　　　我来了，不知道是一场空喜。
　　　　　　我会见的是噩梦，哪里是你？
　　　　　　那是恐怖，是噩梦挂着悬崖，
　　　　　　那不是你，那不是我的心爱！
　　　　　　我追问青天，逼迫八面的风，
　　　　　　我问，拳头擂着大地的赤胸。
　　　　　　总问不出消息，我哭着叫你，
　　　　　　呕出一颗心来，你在我心里！

【分析】作者一步步发现，一步步追问，节奏愈来愈紧张，痛苦愈来愈深，最后在呕心沥血之中终于发现，祖国原来珍藏在自己心底。因此，这首诗的语速应该是慢—快—慢。

3）掌握好诗歌的重音及音长

朗读诗歌时，有轻有重，有音长音短，才能将诗歌的情感表达出来，才能将诗歌的韵味体现出来，字词句的轻重及音长音短，要根据诗歌内容、意境来判断。

莲的心事
席慕蓉

我是一朵盛开的夏荷，
多希望，
你能看见现在的我。
风霜还不曾来侵蚀，
秋雨也未滴落，
青涩的季节又已离我远去。
我已亭亭不忧也不惧，
现在正是，
我最美丽的时刻。
重门却已深锁，
在芬芳的笑靥之后，
谁人知我莲的心事？
无缘的你啊，
不是来得太早就是
太迟。

【分析】诗歌表面上是一朵花在倾诉心事，实质是一个少女的情感自述。诗歌的每一句都直达心灵，虽单纯但不枯燥，好似一股清泉流入心田，淡雅、香甜，沁人心脾。席慕蓉的诗歌意念轻灵细腻，语言质朴干净，古典诗歌的含蓄精神、婉约性格、温柔气质，自然地从她的诗中透露出来。

除此之外，朗读者在朗读时还要认真投入个人情感。情感是诗歌的基石，是诗人创作的出发点，是沟通诗作、诗人、读者、听众之间的精神纽带。在朗读诗歌时，要将自己融入诗人所处的时代、环境、心境等创作背景之下，认真体会作者的感情，以有声的语言、充沛的感情将诗歌呈现出来。

一、古诗

关　雎

关关雎鸠，在河之洲。窈窕淑女，君子好逑。
参差荇菜，左右流之。窈窕淑女，寤寐求之。

求之不得，寤寐思服。悠哉悠哉，辗转反侧。
参差荇菜，左右采之。窈窕淑女，琴瑟友之。
参差荇菜，左右芼之。窈窕淑女，钟鼓乐之。

短歌行
曹操

对酒当歌，人生几何！譬如朝露，去日苦多。
慨当以慷，忧思难忘。何以解忧？唯有杜康。
青青子衿，悠悠我心。但为君故，沉吟至今。
呦呦鹿鸣，食野之苹。我有嘉宾，鼓瑟吹笙。
明明如月，何时可掇？忧从中来，不可断绝。
越陌度阡，枉用相存。契阔谈䜩，心念旧恩。
月明星稀，乌鹊南飞。绕树三匝，何枝可依？
山不厌高，海不厌深。周公吐哺，天下归心。

满江红·写怀
岳飞

怒发冲冠，凭栏处、潇潇雨歇。抬望眼，仰天长啸，壮怀激烈。三十功名尘与土，八千里路云和月。莫等闲，白了少年头，空悲切！

靖康耻，犹未雪。臣子恨，何时灭！驾长车，踏破贺兰山缺。壮志饥餐胡虏肉，笑谈渴饮匈奴血。待从头、收拾旧山河，朝天阙。

念奴娇·赤壁怀古
苏轼

大江东去，浪淘尽，千古风流人物。故垒西边，人道是，三国周郎赤壁。乱石穿空，惊涛拍岸，卷起千堆雪。江山如画，一时多少豪杰。遥想公瑾当年，小乔初嫁了，雄姿英发。羽扇纶巾，谈笑间，樯橹灰飞烟灭。故国神游，多情应笑我，早生华发。人生如梦，一尊还酹江月。

鹊桥仙·纤云弄巧
秦观

纤云弄巧，飞星传恨，银汉迢迢暗度。
金风玉露一相逢，便胜却人间无数。
柔情似水，佳期如梦，忍顾鹊桥归路。
两情若是久长时，又岂在朝朝暮暮。

二、现代诗

成　熟

席慕蓉

童年的梦幻褪色了，
不再是，只愿做一只
长了翅膀的小精灵。
有月亮的晚上，
倚在窗前的，
是渐呈修长的双手。
将火热的颊贴在石栏上，
在古长春藤的荫里，
有萤火在游。
不再写流水账似的日记了，
换成了密密的，
模糊的字迹。
在一页页深蓝浅蓝的泪痕里，
有着谁都不知道的语句。

致橡树（节选）

舒婷

我如果爱你——
绝不学攀援的凌霄花，
借你的高枝炫耀自己；
我如果爱你——
绝不学痴情的鸟儿，
为绿阴重复单调的歌曲；
也不止像泉源，
长年送来清凉的慰藉；
也不止像险峰，
增加你的高度，衬托你的威仪。
甚至日光，
甚至春雨。

不，这些都还不够！
我必须是你近旁的一株木棉，
作为树的形象和你站在一起。
根，紧握在地下；
叶，相触在云里。
每一阵风过，
我们都互相致意，
但没有人，
听懂我们的言语。
你有你的铜枝铁干，
像刀，像剑，也像戟；
我有我红硕的花朵，
像沉重的叹息，
又像英勇的火炬。
我们分担寒潮、风雷、霹雳；
我们共享雾霭、流岚、虹霓。
仿佛永远分离，
却又终身相依。

面朝大海，春暖花开
海子

从明天起，做一个幸福的人
喂马，劈柴，周游世界
从明天起，关心粮食和蔬菜
我有一所房子，面朝大海，春暖花开

从明天起，和每一个亲人通信
告诉他们我的幸福
那幸福的闪电告诉我的
我将告诉每一个人

给每一条河每一座山取一个温暖的名字
陌生人，我也为你祝福
愿你有一个灿烂的前程
愿你有情人终成眷属
愿你在尘世获得幸福
我只愿面朝大海，春暖花开

三、儿童诗

小小的船
叶圣陶

弯弯的月儿小小的船,
小小的船儿两头尖,
我在小小的船里坐,
只看见闪闪的星星蓝蓝的天。

几 种 树
叶圣陶

杨树直挺几丈高,
柳树倒挂细枝条。
银杏叶子像扇子,
香椿叶子像羽毛。
桃树杏树开花早,
马缨开花春夏交。
松树柏树常年绿,
枫叶秋来红叶飘。

纸 船
——寄母亲
冰心

我从不肯妄弃了一张纸,
总是留着——留着,
叠成一只一只很小的船儿,
在舟上抛下在海里。
有的被天风吹卷到舟中的窗里,
有的被海浪打湿,沾在船头上。
我仍是不灰心地每天地叠着,
总希望有一只能流到我要它到的地方去。
母亲,
倘若你在梦中看见一只很小的白船儿,

不要惊讶它无端入梦。
这是你至爱的女儿含着泪叠的，
万水千山，
求它载着她的爱和悲哀归去。

致 老 鼠
佚名

我喜欢你们——
一双机灵的眼睛，
粉红的耳朵。
虽然爱做坏事可我还是喜欢你们。
如果我到了你们的王国，
一定要你们，
洗脸、洗手、洗澡、刷牙。
还要教会你们，
自己劳动，
做事不要偷偷摸摸。
我还要给你们，
介绍个朋友——
它的名字叫猫。

其实我是……
佚名

其实我是一朵云，
当我在天空，
自由地飘动时，
我想这样告诉你。
其实我是一只蝴蝶，
当我在花尖飞舞着，
看见了很多昆虫，
我想这样告诉你。
其实我是一片黄叶，
当我从树上飘落了，
把大地染成金色时，
我想这样告诉你。

第四节　散文朗读训练

情境导入：请大声朗读这篇散文。

星
巴金

在一本比利时短篇小说集里，我无意间见到这样的句子："星星，美丽的星星，你们是滚在无边的空间中，我也一样，我了解你们……是，我了解你们……我是一个人……一个能感觉的人……一个痛苦的人……星星，美丽的星星……"

我明白这个比利时某车站小雇员的哀诉的心情。好些人都这样地对蓝天的星群讲过话。他们都是人世间的不幸者。星星永远给他们以无上的安慰。

在上海一个小小舞台上，我看见了屠格涅夫笔下的德国音乐家老伦蒙。他或者坐在钢琴前面，将最高贵的感情寄托在音乐中，呈现给每一个人；或者立在蓝天底下，摇动他那白发飘飘的头，用赞叹的调子说着："你这美丽的星星，你这纯洁的星星。"望着蓝空里眼瞳似的闪烁着无数星子，他的眼睛润湿了。

我了解这个老音乐家的眼泪。这应该是灌溉灵魂的春雨罢。

在我的房间外面，有一段没有被屋瓦遮掩的蓝天。我抬起头可以望见嵌在天幕上的几颗明星。我常常出神地凝视着那些美丽的星星。它们像一个人的眼睛，带着深深的关心望着我，从不厌倦。这些眼睛每一霎动，就像赐予我一次祝福。

在我的天空里星星是不会坠落的。想到这，我的眼睛也润湿了。

分析：本文倾诉感情不借助热情炽烈的语言和华丽铺衬的辞采，而是像一位老朋友在与你促膝谈心，真情流露于字里行间，自然地感染读者。文章语言水静沙明，一清到底，自然流畅，毫不造作，于平淡中见文采，通脱之处出意境，自然之中求严谨。

散文是指篇幅短小，题材多样，形式自由，情文并茂且富有意境的文章体裁。其特点是通过叙述、描写、抒情、议论等各种表现手法，创造出一种自由灵活、形散神凝、生动感人的艺术境界。

一、散文的朗诵基调

散文总是从作者主观视点来观察世界万物，从中有所感悟，于是有感而发，抒发自己的感想。读散文，听散文，似乎是跟着作者去看去想，最终和作者想到一块儿去。因为这是一个看、想、感悟的过程，所以散文朗诵的基调是平缓的，没有太大的起伏；即使是在作品的高潮处，也不会像演讲那样异峰突起，慷慨激昂。在朗诵时要用中等的速度，柔和的音色，一般用拉长而不用加重的方法来处理强调重音。

散文虽然不像诗歌那样有规整的节奏和严格的韵律，但是也讲究节奏和韵律美。在朗读时，我们可以用相同的语调来读对称语句，使文中的韵律美表现出来。散文的局部和某些句子也有对称结构。例如：

（1）风，轻悄悄的；草，软绵绵的。

（2）那呼啸的狂风，那飘舞的大雪，那摇曳的白桦，那飞扬的荻草，都曾跟我们战斗过……

散文也有不同的类型。有的散文以抒情为主，不写人和事。朱自清先生著名的散文《荷塘月色》《匆匆》，都是在抒发作者的感受。有的文章中虽然也会出现一些事物，但是这些事物都是虚写而不是实写的，朗诵《春》时，一开始是一种殷切期盼的情感，在朗读"山，朗润起来了；水，涨起来了；太阳的脸，红起来了"时，要把三个层次读出来，把春天越来越近，人们越来越欣喜的心情读出来。中间的部分，从各个方面描写春天，也表现了作者对春天的热爱。我们可以用降低速度，减小音量的方法把描写和抒情区别开来。最后的三小节，用娃娃、姑娘、青年来比喻春天，体现了人们对新的一年的憧憬和希望，情绪也随之转向高昂，音量、语速也应随之步步提高。另外一种类型的散文稍有不同。这类散文中穿插着一些人和事。有时，正是这些人和事给了作者启示，由此而产生了感慨。我们应该把其人其事作为散文的一个组成部分而不是把他们作为一个故事来读。

二、朗诵散文要注意的问题

1. 感情要真实

朗诵散文应力求展示作者倾注在作品中的"情感"，充分表现作品中的人格意象。散文是心灵的体现，是真情流露。朗诵时要充分把握不同的主题、结构和风格。如茅盾的《白杨礼赞》热情地赞美了白杨树，进而赞美了北方的农民，赞美我们民族在战争中不可缺的质朴、坚强以及力求上进的精神。朗诵时要充分把握这种感情基调。

2. 表达要有变化

散文语言自由、舒展，表达细腻生动，抒情、叙述、描写、设计相辅相成，显得生动、明快，对不同语体风格要区别处理。叙述性语言的朗诵要语气舒展，声音明朗轻柔，娓娓动听；描写性语言要生动、形象、自然、贴切；抒情性语言要自然亲切、言由衷发；议论性语言要深沉含蓄、力透纸背。朗诵者应把握文章的语言特点，恰如其分地处理好语气的高低、强弱，节奏的快慢、急缓，力求真切地把作者的"情"抒发出来。

把握"形散神聚"的特点。散文结构布局多种多样，有横式的，有纵式的；有逐层深入的，有曲折迂回的。例如袁鹰的散文《井冈翠竹》以毛竹的功绩为线索，围绕这根主线，作者回忆过去，展望未来，热情歌颂了中国人民的革命气节和革命精神，是一篇纵式结构文章。而鲁迅的散文《从百草园到三味书屋》则分别描述了百草园和三味书屋，是一篇对比结构的横式散文。散文的结体式样很多，写法多样，但无论什么散文都是形散神聚，总是有一条清晰的线索贯穿全文，统领全篇。

要么是自始至终有一种充沛的激情来描写感人肺腑的人和事，使全文浑然一体。例如魏巍的《谁是最可爱的人》一文，作者向人们展现的是一种激昂的爱国主义、国际主义之情。要么是以一些寓意深邃的话语统领全文。如柯岩的《岚山情思》就是以周总理病重时的一句情深意切的话为主旨进行构思的。朗诵时应根据文章的主题和发展线索，用停顿的长短来显示文章的结构变化及语脉发展，用重音和语调来突出主题，使语脉清晰，聚而不散。

匆 匆
朱自清

燕子去了，有再来的时候；杨柳枯了，有再青的时候；桃花谢了，有再开的时候。但是，聪明的，你告诉我，我们的日子为什么一去不复返呢？——是有人偷了他们罢：那是谁？又藏在何处呢？是他们自己逃走了罢：现在又到了哪里呢？

我不知道他们给了我多少日子；但我的手确乎是渐渐空虚了。在默默里算着，八千多日子已经从我手中溜去；像针尖上一滴水滴在大海里，我的日子滴在时间的流里，没有声音，也没有影子。我不禁头涔涔而泪潸潸了。

去的尽管去了，来的尽管来着；去来的中间，又怎样地匆匆呢？早上我起来的时候，小屋里射进两三方斜斜的太阳。太阳他有脚啊，轻轻悄悄地挪移了；我也茫茫然跟着旋转。于是——洗手的时候，日子从水盆里过去；吃饭的时候，日子从饭碗里过去；默默时，便从凝然的双眼前过去。我觉察他去的匆匆了，伸出手遮挽时，他又从遮挽着的手边过去，天黑时，我躺在床上，他便伶伶俐俐地从我身上跨过，从我脚边飞去了。等我睁开眼和太阳再见，这算又溜走了一日。我掩着面叹息。但是新来的日子的影儿又开始在叹息里闪过了。

在逃去如飞的日子里，在千门万户的世界里的我能做些什么呢？只有徘徊罢了，只有匆匆罢了；在八千多日的匆匆里，除徘徊外，又剩些什么呢？过去的日子如轻烟，被微风吹散了，如薄雾，被初阳蒸融了；我留着些什么痕迹呢？我何曾留着像游丝样的痕迹呢？我赤裸裸来到这世界，转眼间也将赤裸裸地回去罢？但不能平的，为什么偏要白白走这一遭啊？

你聪明的，告诉我，我们的日子为什么一去不复返呢？

【分析】《匆匆》表现作者追寻时间踪迹而引起情绪的飞快流动，全篇格调统一在"轻俏"上，节奏疏隐绵亘，轻快流利。为契合情绪的律动，作者运用了一系列排比句："洗手的时候，日子从水盆里过去；吃饭的时候，日子从饭碗里过去；默默时……"相同的句式成流线型，一缕情思牵动活跃而又恬静的画面迅速展开，使我仿佛看到时间的流动。而且句子大多是短句，五六字一句而显得轻快流畅。句法结构单纯，没有多层次的变化，如一条流动的河连续不断，如一把调合的琴，泛着连续的音浪。它的音乐性不是在字音的抑扬顿挫上着力，而是在句子的流畅轻快上取胜，作者并没有刻意雕琢，而只是"随随便便写来，老老实实写来"，用鲜明生动的口语，把诗情不受拘束地表现出来，语言的节奏和情绪的律动自然吻合，达到匀称和谐。《匆匆》叠字的运用也使它的语言具有节奏美。阳光是"斜斜"的，它"轻轻悄悄"地挪移，"我""茫茫然"旋转，时间去得"匆匆"，它"伶伶俐俐"跨过……这些叠字的运用，使文章不仅达到视觉的真实性，而且达到听觉的真实性，即一方面状时间流逝之貌,一方面又写出时间迈步之声。同时,作者一方面状客观之事,一方面又达主观之情,现实的音响引起诗人情绪的波动,通过语言的音响表现出来,情和景自然地融合在一起。我们还可以看到叠字自然匀称地分布在各句中,以显出它的疏隐绵远的节奏来,这契合了作者幽微情绪的波动。复沓的运用,也是散文诗维持其音乐特点通常运用的手段。"只有徘徊罢了,只有匆匆罢了;在八千多日的匆匆里,除徘徊外,又剩些什么呢?""徘徊""匆匆"等字眼反复出现,一种幽怨之情反复回荡。"我留着些什么痕迹呢?我何曾留着像游丝样的痕迹呢?"相同意思的句子其数字上的变化,使感情层层推进,在参差中又显出整齐的美。结句的反复,强化了作品的主旋律,画出感情起伏的波澜。复沓的运用,反复吟咏,起到了一唱三叹的效果。

荷塘月色(节选)

朱自清

曲曲折折的荷塘上面,弥望的是田田的叶子。叶子出水很高,像亭亭的舞女的裙。层层的叶子中间,零星地点缀着些白花,有袅娜地开着的,有羞涩地打着朵儿的;正如一粒粒的明珠,又如碧天里的星星,又如刚出浴的美人。微风过处,送来缕缕清香,仿佛远处高楼上渺茫的歌声似的。这时候叶子与花也有一丝的颤动,像闪电般,霎时传过荷塘的那边去了。叶子本是肩并肩密密地挨着,这便宛然有了一道凝碧的波痕。叶子底下是脉脉的流水,遮住了,不能见一些颜色;而叶子却更见风致了。

月光如流水一般,静静地泻在这一片叶子和花上。薄薄的青雾浮起在荷塘里。叶子和花仿佛在牛乳中洗过一样;又像笼着轻纱的梦。虽然是满月,天上却有一层淡淡的云,所以不能朗照;但我以为这恰是到了好处——酣眠固不可少,小睡也别有风味的。月光是隔了树照过来的,高处丛生的灌木,落下参差的斑驳的黑影,峭楞楞如鬼一般;弯弯的杨柳的稀疏的倩影,却又像是画在荷叶上。塘中的月色并不均匀,但光与影有着和谐的旋律,如梵婀玲上奏着的名曲。

荷塘的四面,远远近近,高高低低都是树,而杨柳最多。这些树将一片荷塘重重围住;只在小路一旁,漏着几段空隙,像是特为月光留下的。树色一例是阴阴的,乍看像一团烟雾;但杨柳的丰姿,便在烟雾里也辨得出。树梢上隐隐约约的是一带远山,只有些大意罢了。树缝里也漏着一两点路灯光,没精打采的,是渴睡人的眼。这时候最热闹的,要数树上的蝉声与水里的蛙声;但热闹是它们的,我什么也没有。

一只小鸟

——偶记前天在庭树下看见的一件事

冰心

有一只小鸟,它的巢在高高的树枝上,它的羽毛还未丰满,不能远飞,每天只能在巢里啁啾着,和两只老鸟说着话儿。它们都觉得非常的快乐。

一天早晨,它醒了。那两只老鸟都觅食去了。它探出头来一望,看见了那灿烂的阳光,葱绿的树木,大地上一片好景致;它的小脑子里忽然充满了新意,抖刷抖刷翎毛,飞到枝子上,放出那赞美"自然"的歌声来。它的声音里满含着清脆和柔美,唱的时候,好像"自然"也含笑着倾听一般。

树下有许多的小孩子,听见了那歌声,都抬起头来望着——

这小鸟天天出来歌唱,小孩子们也天天来听它的歌声,最后他们便想捉住它。

看,它又出来了!它正要发声,忽然"啪"的一声,一个弹子从下面射来,它一翻身从树上跌了下去。

斜刺里两只老鸟箭也似的飞来,接住了它,衔上巢去。它的血从树隙里一滴一滴落到地上来。

从此那歌声便消失了。

那些孩子想要仰望着它,听它的歌声,却不能了。

白 桦 树
(苏) 沃罗宁

她保护着我。我的住宅离大路一百米左右。大路上行驶着各种车辆:货车,小轿车,公共汽车,推土机,卡车,拖拉机。车辆成千上万,来回穿梭。还有灰尘。路上的灰尘多大啊!灰尘飞向我的住宅,假若没有她,这棵白桦树,会有多少灰尘钻进窗户,落到桌子上,被褥上,飞进肺里啊。她把全部灰尘吸附在自己身上了。

夏日里,她绿荫如盖。一阵风拂过,它便婆婆起舞。她的叶片浓密,连阳光也无法照进我的窗户。但夏季屋里恰好不需要阳光。沁人心脾的阴凉比灼热的阳光强百倍。然而,白桦树却整个而沐浴在阳光里。她的簇簇绿叶闪闪发亮,苍翠欲滴,枝条茁壮生长,越发刚劲有力。

六月里没有下过一场雨,连草都开始枯黄。然而,她显然已为自己贮存了以备不时之需的水分,所以丝毫不遭干旱之苦。她的叶片还是那样富有弹性和光泽,不过长大了,叶边滚圆,而不再是锯齿形状,像春天那样了。

之后,雷电交加,整日在我的住宅附近盘旋,越来越阴沉,沉闷地——犹如在自己身体里——发出隆隆轰鸣,入暮时分,终于爆发了。正值白夜季节。风仿佛只想试探一下——这白桦树多结实?多坚强?白桦树并不畏惧,但好像因灾难临头而感到焦灼,她抖动着叶片,作为回答。于是大风像一头狂怒的公牛,骤然呼啸起来,向她扑去,猛击她的躯干。她蓦地摇晃了一下,为了更易于站稳脚跟,把叶片随风往后抑,于是树枝宛如千百股绿色细流,从她身上流下。电光闪闪,雷声隆隆。狂风停息了。滂沱大雨从天而降。这时,白桦树顺着躯干垂下的手臂流到地上。她懂得应该如何行动,才能岿然不动,确保生命无虞。

七月末,她把黄色的小飞机撒遍了自己周围的大地。无论是否刮风,她把小飞机抛向四面八方,尽可能抛得离自己远些,以免她那粗大的树冠妨碍它们吸收更多的阳光和雨露,使它们长成茁壮的幼苗。是啊,她与我们不同,有自己的规矩。她不把自己的儿女拴在身旁,所以她能永葆青春。

那年,田野里,草场上,山谷中,长出了许多幼小的白桦树。唯独大路上没有。

若问大地上什么最不幸,那便是道路了。路道上寸草不生,而且永远不会长出任何东西来。哪里是道路,哪里便是不毛之地。

第五节　讲幼儿故事训练

情境导入：请朗读下面这篇幼儿故事。

美丽的小路

鸭先生的小屋前有一条长长的小路。路上铺着花花绿绿的鹅卵石，路旁开着五颜六色的鲜花。

兔姑娘轻轻地从小路上走过，说："啊，多美的小路啊！"

鹿先生慢慢地从小路上走过，说："啊，多美的小路啊！"

朋友们都喜欢在美丽的小路上散散步，说说话。可是过了不久，小路上堆积了许多垃圾，苍蝇在小路上嗡嗡地飞来飞去，美丽的小路不见了。

兔姑娘又从小路上走过，皱起了眉头，说："呀，美丽的小路怎么不见了？"

鹿先生又从小路上走过，捂上了鼻子，说："咦，美丽的小路哪儿去了？"

鸭先生也叫起来："天哪！我的美丽的小路呢？"他看着看着，忽然一拍脑袋，说："我一定要把美丽的小路找回来！"

鸭先生推来一辆小车，拿来一把扫帚，把小路打扫得干干净净。兔姑娘和鹿先生看见了，也赶来帮忙。他们提着洒水壶，给花儿浇浇水，给小草洗洗澡。没过多久，一条美丽的小路又出现了。

【分析】这一篇幼儿故事讲述了一个简单的故事，运用对比等方法形成故事的节奏感，可以尝试分小组分角色朗读，体验其问句、感叹句、陈述句的不同语气及其不同角色的不同音色。

故事，指的是一种以真实的或虚构的事件作为讲述对象，具有连贯性、吸引力与感染力的叙事性文学体裁。爱听故事是每一个孩子的天性。幼儿正处在生理和心理的成长时期，对未知世界充满好奇，喜欢接触和研究未接触过的事物。故事中多样的题材，丰富的生活场景，开阔的视野，为幼儿认识世界、了解世界提供了广阔的平台。一个个故事就如同装满了宝物的百宝箱，可以解答幼儿的疑惑，促进幼儿身心的成长，让他们增长知识，发展智力，让他们懂得什么是真善美，什么是假恶丑，培养幼儿爱憎分明的感情。

讲故事，是需要技巧的。除了需要选择好故事外，给幼儿讲故事时，不应照着书念，因为念书不利于思想感情的表达，影响教育效果。幼儿故事一般不长，故事内容是容易记住的。所以，在讲故事前一定要有所准备，根据故事的中心思想和重点熟悉故事，把故事的情节和主要对话记熟，同时要想好怎么讲，但不一定把每一句都背出来。在故事情节和主要对话不随便改动的情况下，用口语化的语言去讲，会讲得更生动有趣，更有吸引力。对难懂的词，应该考虑怎样解释清楚。具体来说，给幼儿讲故事，应从以下几个方面入手。

一、选择故事

选择故事是讲故事的第一步，非常重要。因为故事的题材、风格是多样的，数量也不计其数，篇幅的长短不一。所以，一定要根据教育教学的目的、对象，有针对性地选择故事。在幼儿教学活动中，选择故事应注意以下两点。

（一）要考虑幼儿的年龄特点

幼儿的生理、心理发展不成熟，情绪波动大，可塑性强，所以要求教师为幼儿选择思想积极健康，具有真善美内涵，对幼儿发展有积极作用的故事。可多选择一些童话故事，因为童话是以儿童为对象创作的，以儿童幻想为特征，从不同角度向孩子展示了奇异美妙的生活，易于被幼儿接受。

（二）选择的故事要有趣味性

有趣的故事情节才能吸引幼儿的注意力，才能让幼儿融入故事当中，并受益于故事。所以我们要选择内容新颖、情节有趣、语言浅显生动的故事，篇幅不宜太长。

城里来了大恐龙

大恐龙来到了城里，它觉得这个地方比它以前到过的任何地方都热闹。

大恐龙"啪哒啪哒"地走在马路上，可是它的身体太大，交通给堵塞了，汽车排起了长队，响起了喇叭。

大恐龙"啪哒啪哒"地走在铁路上，大恐龙的身体太重，铁路被踩得"吱哩吱哩"直响，火车也被震得跳起了舞。

大恐龙"啪哒啪哒"地走在胡同里，它闻到了人家厨房里飘出的阵阵香味，忍不住把头伸进窗户，可是大恐龙脖子太长，把人家的房顶都掀翻了。大恐龙心里真难过。城里的人感到，大恐龙给他们带来了危险。

这时一个聪明的小孩说："大恐龙走了许多路，一定是饿了。"他带着许多小朋友在马路上撒青草，大恐龙沿着这条青草路边吃边走，吃饱了就在十字路口打起了瞌睡。马路被堵住了，汽车从大恐龙身上、身下开过，大恐龙变成了立交桥。大恐龙身上痒痒的，睁开眼睛一看，想不到自己还有这么大的用处呢！大恐龙觉得自己应该为城里人多做一点事，因为它是多么喜欢这个地方啊！

一辆辆大卡车、面包车、小汽车从大恐龙身下开过去，一辆辆自行车、摩托车、三轮车从大恐龙身上骑过去，一群群大人、小孩从大恐龙身上走过……城市的马路畅通了，大家都说，大恐龙立交桥真好！

【分析】这一篇幼儿故事简短有趣，讲述了恐龙从制造麻烦到给人们带来便利的情节内容，全篇没有生僻字，句式短小，便于小朋友理解。

二、分析故事情节

选择好故事后，就要对故事进行分析。

（1）要准确地把握故事的中心思想，找出故事的重点，讲授时要突出表现中心思想的主要情节。

（2）要对故事结构进行分析。理清情节的大致走向（起因——发展——高潮——结局）；在哪里设悬念，哪里设误会，哪里起冲突，哪里有巧合，哪里抖包袱，这些都是要考虑的。然后通过合理地设置误会、巧合、转折、变化、冲突、悬念、包袱等，让情节更精彩、更有吸引力。

（3）在对故事的思想、重点和结构进行分析的基础上，还应针对故事，剔除不能被理解的问题，或对难以理解的问题解释清楚，帮助幼儿理解故事。

三、讲述故事

（一）确定讲述的语气和音色

要讲好故事，语言必须准确、清晰、生动，声音的高低快慢一定要符合情节和人物（包括拟人化的动植物）性格，注意区别故事中作者的叙述语言和人物语言，并注意两者之间的转换。

叙述语言是指作品中客观的介绍、描绘性的语言，它主要体现故事的脉络、情节的发展，从而唤起读者的本真体验。讲叙述性语言时，既要体现讲故事者作为旁观者的客观性，用声自然、平稳、清晰，又要体现讲故事者的感情、态度，语速、语气、语势、音量等应随着故事情节的发展而产生变化。

人物语言是指作品中的人物语言。它主要是展示人物的性格特点。故事中的人物形象丰富多彩，个性鲜明，所以讲故事者角色要到位，人物语言应有故事人物的"角色感"，应努力摆脱或隐蔽自己的个性，按故事中角色形象的个性及特点来寓情于境，做到声如其人，着力表现人物性格和思想感情，抓住人物的言行和心理活动。

在确定讲述的语气和音色部分时，要特别注意以下几个方面。

1. 当重则重方能显山露水

在日常的语言交流中，为表情达意的需要，我们会自然地加重某些音节，这就是强调重音。讲故事时，语气、语调也有轻有重，这样才能显得生动活泼，并能突出故事的重点。反之，就不可能把故事内容表达清楚。重音的实质是增加音强和音长，不一定都要大声讲，有时反而要轻讲，如"暖和的春天来了"中的"来"字，就要重音轻讲，并适当地延长读音，以表达人们对春天到来的喜悦之情。

要想把故事讲生动，把语音表达分明，每句话都要有重音。但要注意，如果重音过多或者重音拖得过长，甚至成为曲折的语势就不合适了，会加重讲述者气息负担，也会影响整体效果。

2. 当停则停方可传情达意

讲故事时，停连处理得好，可以有效地控制语速，更好、更明快地传达句子和段落的意义，可以使语气自然，便于情绪转换。讲故事时，切记出现随便停连和习惯性停连的毛病。如有的人会这样讲："今天，我给大家，讲个，故事。这个故事的名字，叫，小熊拔，牙。"讲者累，听众更累。

另外要注意的是，是否停连以及停连的长短取决于故事的内容，同时又服务于故事内容。如有标点符号的地方有时也可以不停。像"糟了，糟了，月亮掉到井里了"，情势紧迫，两个"糟了"之间就可以不停。因此，讲述者一定要深入研究故事，才能在讲述时正确地运用停连。

3. 有快有慢，讲究与情节合拍

讲故事时，语速既不能太快，也不能太慢。更不能因为幼儿年龄小而故意放慢讲故事的速度。因为故事讲得太慢，很难讲出生动感人的效果；讲得太快，别人听不清楚故事的内容。一定要注意根据故事情节和人物角色而变化。如讲到重要的地方或老人讲话、承认错误、从远处喊人、慢性子的人说话、弱者在强者前面说话时，语速应稍慢，当讲到高潮、情势紧迫时，语速应稍快。

（二）处理好故事的开头和结尾

讲故事时，开头一定要有吸引力，这样才能激起幼儿听故事的欲望。由于故事的开头部分往往不是故事最吸引人的地方，它总有一个逐步过渡的过程。所以为了讲述一开始就吸引幼儿，往往在故事前加一个引子——或开门见山突出矛盾，或提出问题发人深思。给幼儿讲故事更多的是采用提问式开头，这样可以吸引幼儿注意力，听讲的效果自然就好了。

为了帮助幼儿理解故事，往往在讲完故事后，还要加上一个简短的结尾，引导幼儿理解故事的寓意，或者让幼儿思索，富有意味，同时也使故事的结束不会显得太突然。

不论是故事的开头还是结尾的处理，一定要简洁、明了，首尾呼应，表达真情实感。

（三）注意态势语的运用

给幼儿讲故事，不仅要把任务、情节讲清楚，还要学会运用形象的语言、表情和手势来表现人物形象。因为幼儿是以形象思维和感性认识为主，所以借助手势、表情、动作等身体语言讲述故事时，动作一定要自然、贴切，千万不要生硬、做作，手势和动作幅度要小，面部表情要明确。

（四）适当运用口技模拟声音

故事里的声音形象也是多种多样的。比如自然界的风声、雨声、水声，人的笑声、哭声、叹息声，动物的叫声以及汽车声、轮船声、飞机声、枪炮声等。所以，我们要学会适当运用口技模拟声音。口技模拟运用得好，可以起到渲染气氛的作用，增强故事的真实性，加强口语表达的效果，使故事的讲述收到良好的效果。

（五）适当地对故事的个别情节加以润色和处理

有的时候，故事只有一两句对白，使得故事显得有些单调。如果我们在讲述的时候也是全盘照搬这些对白，就会使故事的讲述显得呆板、无味。在这种情况下，我们可以对情节进行适当的润色，使故事变得更生动。当然，故事的主要情节是不可以改变的。但是，讲述者可以根据故事倾听者的年龄特点、场合、经验来润色故事。

比如故事《金色的房子》，在叙述小狗与小姑娘的对白，小狗对白是这样的："小姑娘你早，你那金色的房子真好！红的墙，绿的窗，金色的屋顶亮堂堂！"如果在讲述这句对白时，先叫一声"汪汪"，然后再开始说这句对白，这样听故事的小朋友就有身临其境的感觉，小狗的形象也就一下子活起来了。

幼儿注意力的时间比较短，他们在较长时间听故事的过程中，注意力会不集中，这就会影响幼儿对故事内容的理解。所以我们在讲述比较长的故事的时候，千万不要一口气讲完，在适当的时候，要设置一些提问，或者卖一下关子，故意吊幼儿的胃口，以再次引起幼儿的兴趣，让他们将注意力重新集中到听老师的故事上来。比如：教师在讲述安徒生童话《卖火柴的小女孩》时，可将小女孩每一次划着一根火柴后的幻想场景设计成提问的形式，发挥幼儿的想象力，调动幼儿听故事的积极性。

（六）讲故事要注意的其他问题

（1）讲故事的时间不宜过长。1~2岁的孩子听故事的时间以他们的兴趣为限度，一旦兴趣转移或者表现出不耐烦时应立刻停止。3岁左右以不超过15分钟为宜，4岁以上可以延长到30分钟左右。

（2）多讲幼儿熟悉的故事。幼儿喜欢听已经听"烂"了的故事，这是因为当孩子熟悉了这些故事之后能够从中获得理解的满足，感到很亲切，因此教师给幼儿讲故事时要有足够的耐心，绘声绘色地多讲几遍给他们听。

（3）安排适当的环境。讲故事时，教师要与孩子保持同样的高度，在安静舒适的环境里给孩子讲故事。

（4）教师应尽量使用准确、生动的语言，用词必须便于孩子理解。比如：把长句变成短句等。

（5）要选择主旨积极向上的故事。教师应注意不能向幼儿讲述带有恐怖色彩和宣扬鬼神迷信的故事，以防给幼儿造成错误、消极的影响。

四、讲故事训练

先熟悉下面的故事，然后按要求进行练习，并讲给同学们听一听。

要求：

（1）分析下面的故事情节，确定讲述的语气和音色；

（2）处理好故事的开头和结尾，适当地对故事的个别情节加以润色；

（3）运用适当的态势语和口技，把故事讲述得有声有色。

标点符号的争吵

一天，小主人去上学了，屋子里静悄悄的。突然，书柜里传出了细微的吵闹声，原来是标点符号们都在夸耀自己的作用大。

感叹号首先出场，只见它雄赳赳、气昂昂，迈着矫健的步伐："人们要表达强烈的感情时，都得用我，上次小主人写了一篇作文《美丽的大自然》，其中就有几次用到我了呢！例如：'大自然多美啊！''为祖国的繁荣昌盛而奋斗！'，看来，还是我的作用大！"说完，瞥了其他标点符号一眼。

问号弓着腰，挂着棍，一步窜到大家的面前，拍着胸脯，大声叫道："感叹号，你就别逞能了！自以为是了！总是以命令的口气去要求别人！你算什么啊？我的作用才是最大的！没有我，你们怎么提问题？即使是科学家也有问别人的时候啊！"说完问号使劲敲了几下棍子。

逗号个头小，像个豌豆，蹦跳起来："哎！问号你的作用太小了，别自不量力了！还总弄什么反问句，有话就直说，干嘛拐弯抹角啊？我的作用才大呢！如果没有我，句子中间没有停顿，一口气读完，非把读者累死不可！人们无论说话还是写文章，用我的次数都是最多的！"为表示自己的气愤，小逗号又使劲蹦跳了几下。

圆头圆脑的句号可不乐意了，它挺着个大肚子，愤愤不平地说："'小不点儿'，我们大人说话与你何干，一边玩儿去！如果没有我，那么句子就会长得永无止境，永远写不完！再说，人们无论做什么事不都总是说：'表演中总得有个句号，那么就让我当这个句号吧！'所以说，我的作用才是最大的！哼！！！"说完，它像个圆球似的，使劲滚动了好几下。

省略号就像六个小娃娃，搭伴结成队，拉起手，一起走来："胖句号，你都这把年纪了，还和我们小孩争什么啊，你不懂得谦让啊？还是我们的学问最深奥，我不说，大家都知道。我意味深长，意犹未尽！"说完，六个小娃娃跳起了欢快的舞蹈。

双引号和冒号也不甘示弱，联合出场，异口同声道："小省略号啊，你还好意思争呢！你表达时总是断断续续，人们都讨厌透了！如果没有我们，在文章里，人们就说不了话，也不能提出问题，所以还是我们作用大！"双引号和冒号手拉手唱起了歌。

正在一旁观战的字典爷爷示意让它们停下来，语重心长地说道："你们都很重要，少了谁都不行，你们要各尽其职，做好本职工作。"听了字典爷爷的话，标点符号们握手言和了。

森林里的演唱会

伙伴们，森林里正在举行动物演唱会呢，让我们一起进入这个欢乐的海洋，音乐的世界吧！

主持人小松鼠蹦到大树爷爷的肩膀上，清了清嗓子，说："亲爱的朋友们，今晚的演唱会现在开始！"话音刚落，动物们高兴得直欢叫，植物们高兴得扭动着身子跳起了舞蹈。

就这样，一场演唱会在欢呼声中开始了。

小松鼠又亮起嗓音："现在有请第一位选手小青蛙为我们大家演唱《美好的家园》。"这时，小青蛙一蹦三跳地上了花儿草儿们围绕着的舞台上，欢快地唱了起来："呱呱啊呱，我们的家园真美好呀！呱~！"

唱完，一阵雷鸣般的掌声响起。小松鼠又宣布了第二位上台表演的选手。哇！第二位选手是大名鼎鼎的小百灵鸟。只见它"嗖——"的一声轻盈地落在了舞台上，欢快而嘹亮地唱起了《快乐的森林》："来——亲爱的伙伴们，来——让我们一起进入快乐的森林，它生机……"

还未唱完，动物们高兴得手舞足蹈，花蝴蝶高兴得摆动着小脑袋，扭动着身子为小百灵鸟伴舞。等小百灵鸟唱完，动物们掌声如雷，差点儿打着了小蚊子。小松鼠又亮起它的嗓音："伙伴们，第三位选手是鸡大婶，它要为大家演唱的曲目是《咯咯歌》"。

说完，鸡大婶摇摇摆摆地走上了舞台，然后唱了起来："咯咯，咯咯，我要大声嘹亮欢快而高昂地唱歌，咯咯……"哇！旋律优美，余音缭绕，是多么的美妙！这时，整个森林沉浸在这甜美婉转的歌声中。

接下来的节目是蚊子大合唱，它们你一句"嘤嘤"，我一句"嗡嗡"，你扭扭屁股，我摆摆脑袋，配合默契，幽默滑稽。再接下去的节目是小猪演唱《数鸭子》，由鸭子们"咕咕咕"地伴奏；还有绵羊与小牛演唱的《森林快乐颂》；还有小马与小猴合唱的《彩虹挂在天上》；还有白兔弹琴，天鹅演唱的《快乐的我们》……太多了！它们演唱的曲目有时欢快高昂，有时奔放悠扬，有时婉转明亮，真令人陶醉不已。

动物们载歌载舞，演唱会一直举行到半夜。天上的繁星像无数双明亮的眼睛，一眨一眨的，仿佛在羡慕地说："我们也要参加！"

就这样，动物伙伴们在欢乐的歌声中度过了这个美好的夜晚。

聪明的小鸭子

太阳照在青山上，青山绿油油；太阳照在小河上，河水亮晶晶。小鸭子从家里走出来，说："啊，多好的天气！我到小河里去玩玩。"扑通！小鸭子跳到小河里去，一会钻进水里，一会浮上水面，一会儿和小青蛙捉迷藏。游啊，游啊，玩啊，玩啊，小鸭子忽然叫起来："哎呀，天都黑了，我得回家了。小青蛙，小鲤鱼，再见！"

小鸭子快走到村口，正碰上一只狐狸在找东西吃。

"啊，一只又肥又嫩的小鸭子！"狐狸看见小鸭子，口水滴滴答答流下来。他悄悄地走过去，走过去，走到了鸭子的背后。突然跳起来，向小鸭子扑去，两只尖尖的爪子，一下子按住了小鸭子。

小鸭子抬头一看，啊！狐狸张着血红的大嘴巴，露出两排尖利的大牙齿，多危险啊！可是小鸭子不害怕，不惊慌，他望了望村子，想出一个办法来。小鸭子急忙对狐狸说："你想要吃掉我吗？"

"当然啦，我肚子饿得慌呢！"

"我问你——我碰上你就逃不掉了，是不是？"

"是的。"

"那么，你先放开我，我很喜欢听你们狐狸叫，让我学一学你的叫声，你再吃掉我，好吗？"

"什么，鸭子会学狐狸叫，哈哈，你哪有这样的本事！"

"你不信，就把我放开，我叫给你听听。"

"反正你是逃不掉的，我倒要看看这件稀罕事。"

小鸭子叫起来："呷！呷！呷！"

狐狸听了摇摇头："这不是我们狐狸的叫声！这是你们鸭子的叫声。听着，我们狐狸是这样叫的！呜——"

小鸭子说："噢，我会了——呷！呷！呷！"

狐狸说："不对，不对，听我叫。呜——"

正在狐狸张嘴大叫的时候，从村子里窜出一只大猎狗来。原来大猎狗是小鸭子的好朋友。小鸭子知道大猎狗的耳朵最灵，听见他的叫声，又听见狐狸的叫声，一定会马上来救他。

狐狸呢，最怕大猎狗来了，他看见大猎狗扑了过来，吓得丢下小鸭子，拼命地逃走了。

第六节　演　讲　训　练

情境导入：请你试着用下面的稿子进行一次励志演讲。

尊敬的老师，亲爱的同学们：

大家早上好！

我要演讲的题目是《乐观的生活态度》。

曾看过这样一段话：小鸟说，我从天空中飞过，但天空中没有留下我的痕迹。泰戈尔说，天空中没有留下我的痕迹，但我已飞过。同样的状况，却有两种不同的态度，相信后者的态度更能赢得大家的认可。其实生活是一面镜子，你对它笑，它就会向你露出笑脸，你对它哭，那么你最终只会收获沮丧的心情。

或许有人会抱怨说，上天是如此的不公平，努力奋斗多年的我到现在为止还是一个经理助手。寒窗苦读十二年书的我，最终还是没能考上理想的大学。然而，这些抱怨无法改变现实，只能加重自己的烦恼，何不以积极乐观的心态看待呢？

相反的，正如我们熟知的林肯先生，在遭受24岁经商失败，26岁爱人死去，27岁精神崩溃，中年时代多次竞选参议员和副总统，却均以失败告终，面对如此多的打击与磨难的情况下，他始终没有放弃自己的梦想，而是以积极的生活态度应对这些不如意，最终他成为美国第十六任总统。正是这种积极乐观的生活态度，让林肯最终实现自己的理想。

相信，假若没有积极乐观的生活态度，摔残肢体的桑兰，高位截肢的张海迪，生命中没有光明与黑暗的海伦·凯勒，他们同样不会有灿烂的人生，也就不会赢得世人的尊重与赞美。

亲爱的朋友们，虽然我们无法预知下一秒会发生怎样的事情，但相信只要我们持一种积极乐观的生活态度，我们生活一直会是快乐的。所以，即使有一千个理由哭泣，也要为自己找出一万个理由微笑，这样，我们的生活就会充满更多的阳光和快乐。

演讲又叫讲演或演说，是指在公众场所，以有声语言为主要手段，以体态语言为辅助手段，针对某个具体问题，鲜明、完整地发表自己的见解和主张，阐明事理或抒发情感，进行宣传鼓动的一种语言交际活动。

广义的演讲：凡是以多数人为对象进行的讲话，都可以叫演讲。

狭义的演讲：特指在公众场合就某问题或某事件发表自己见解的一种口语形式。借助有声语言和态势语言，面对广大听众说明事理、发表意见、抒发感情，从而达到感召听众的一种口语表达方式。

就中职生而言，几乎每个人都会遇到竞职演讲，比如竞选班长、竞选学生会干部、就业面试等，而介绍个人简历，是竞职演讲一个不可忽视的基本环节。因为这种自我介绍，是竞职者展示个人优势的最初切入点。演讲者该如何介绍个人简历呢？可以从以下几个方面入手。

一、讲求真实性

在竞职演讲中介绍个人经历，要特别讲求真实性。因为经历是指亲身见过、做过或遭受过的事情，任何虚假的内容都不能称其为经历。演讲者只有以实事求是的态度，说真话，讲真事，才能以强烈的真实感赢得评委和听众的信任。例如：

我现年25岁，中共预备党员，毕业于岑溪市中等专业学校，学前教育专业，幼儿园高级教师职称。2010年在广东小太阳幼儿园参加工作，先后做过保育员、教师、副园长。2015年回到岑溪金苹果幼儿园，担任教师。

演讲者在简要说明自己的年龄、政治面貌、文化程度、所学专业和技术职称之后，着重介绍了自己的工作经历。无论是参加工作和调动工作的时间，还是工作单位和任职情况，都讲得既具体又确切，让评委和听众感到真实可信。

二、注重简要性

竞职者在演讲中介绍个人简历，必须注重简要性，也就是力求简明扼要。绝不能为了展示自己而面面俱到，喋喋不休。只有简要介绍个人经历，才能避免出现重点不突出、中心不鲜明的弊病。例如：

我叫陶学勤，今年34岁，大学毕业，1995年5月从东明县农业局选调到县检察院，1997年通过"一推双考"被任命为办公室副主任，同时主持办公室工作。今天我本着锻炼自己，为大家服务的宗旨站到这里，竞选办公室主任一职，希望能得到大家的支持。

这位竞选检察院办公室主任的演讲者，一上台就简明扼要地介绍了自己的姓名、年龄、学历，以及被选调到检察院以后的任职情况。这样的个人简介，突出了重点，针对性强，给评委和听众留下了鲜明的印象。

三、演讲的声音和腔调

演讲的语言从口语表述角度看，必须做到发音正确、清晰、优美，语句流利、准确、易懂，语调贴切、自然、动情。

四、说话的速度

说话的速度也是演讲的要素。为了营造沉着的气氛，说话稍微慢点是很重要的。说话的速度标准大致为五分钟读完三张左右的A4原稿，不过，此处要注意的是，倘若从头至尾一直以相同的速度来进行，听众会觉得无趣的。所以演讲要注意语速。紧张或没经验的演讲者很容易在演讲时像打机枪一样说个不停，试着放慢语速，并且通过增加一些停顿来达到强调的效果。

五、做好竞职演讲要注意的其他方面

1. 演讲时的脸部表情

演讲时的脸部表情无论好坏都会带给听众极其深刻的印象。紧张、疲劳、喜悦、焦虑等情绪无不清楚地表露在脸上，这是很难由本人的意志来加以控制的。演讲的内容即使再精彩，如果表情总感觉缺乏自信，老是畏畏缩缩，演讲就很容易变得缺乏说服力。

控制脸部的方法：首先"不可垂头"，人一旦"垂头"就会给人"丧气"之感，而且若视线不能与听众接触，就难以吸引听众的注意；其次是"缓慢说话"，说话速度一旦缓慢，情绪即可稳定，脸部表情也得以放松，再者，全身上下也能够为之泰然自若起来。

2. 演讲时的视线

在大众面前说话，亦表示必须承受众目睽睽的注视。但并非每位听众都会对你报以善意的眼光，尤其当你走到麦克风旁边站立在大众面前的那一瞬间，来自听众的视线有时甚至会让你觉得刺痛。尽管如此，你还是不可以漠视听众的眼光，避开听众的视线来说话。

克服这股视线压力的秘诀，就是一面进行演讲，一面从听众当中找寻对于自己投以善意而温柔眼光的人，并且无视那些冷淡的眼光。此外，还可把自己的视线投向强烈"点头"以示首肯的人，对巩固信心来进行演说也具有效果。

3. 演讲时的姿势

演说时的姿势也会带给听众某种印象，例如堂堂正正的印象或者畏畏缩缩的印象。虽然个人的性格与平日的习惯对此影响颇巨，不过一般而言仍有方便演讲的姿势，即所谓"轻松的姿势"。要让身体放松，反过来说就是不要过度紧张。过度的紧张不但会表现出笨拙僵硬的姿势，而且对于舌头的动作也会造成不良的影响。

让身体放松的诀窍之一是张开双脚与肩同宽，挺稳整个身躯。另一个诀窍是想办法扩散并减轻施加在身体上的紧张情绪。例如将一只手稍微插入口袋中，或者手触桌边，或者手握麦克风等。

竞选班长演讲稿

尊敬的老师，亲爱的同学们：

大家好！

我叫李晓民，今天能走上讲台竞选班长，我感到非常荣幸。曾经一位名人说过："不想当将军的士兵不是一个好士兵。"所以我认为不想当班长的学生也不是一个好学生。

我开朗、活泼、自信。虽然有时犯点错误，不过我每次都会及时改正。无论失败还是成功，我都会以平常心来看待。我想多为班级做好事，帮助老师培养优良的班风和学风，或许只凭这一点，我当不上班长，但是，我有足够的信心和勇气，因为我还有很多优点：我乐于助人，有很好的组织能力……我一定会好好地带领大家努力学习，健康、快乐地成长。当然，我也有缺点，就是太粗心，但我一定会听取同学们的意见，并及时改正。我相信，凭我的实力一定能当好老师的小助手，当好同学们的好榜样，做一个品学兼优的好学生。

当好班长，我认为应该做好四个方面。

第一，学习方面，要组织大家认真学习，争取好的成绩。

第二，纪律方面，要听老师的话，不要和同学们乱打乱闹，下课的时候要和同学们做有意义的活动。

第三，活动方面，每周进行一次长跑比赛或者每周举行一次跳绳比赛，那样可以锻炼身体。

第四，劳动方面，分五个小组，每个小组每周打扫一次班级，哪个组打扫得好，就给该小组一面红旗，这样才能让同学们爱上劳动。

如果我能当选班长，我会努力做好一个班长应尽的职责，让所有老师看见一个优秀的三班！我相信，有了同学和老师对我的信任，我一定扬长避短，不断地完善自我。如果我选不上班长，我不会灰心，说明我离班长的职位还有一段距离，我将会更加严格要求自己。

同学们，请信任我，投我一票，给我一次锻炼的机会吧！我会经得住考验的，相信在我们的共同努力下，充分发挥每个人的聪明才智，我们的班务工作一定能搞得十分出色，我们的班级一定能跻身全市先进班级的行列。

谢谢大家！

幼儿园优秀教师演讲稿

各位老师，同学：

大家好，今天我演讲的题目是《无悔的选择》。

当鲜花绽放于阳光之下，是绿叶最快乐的日子。

当果实成熟于金秋时节，是园丁最欣慰的时刻。

我是一片绿叶，我是一名快乐的园丁，一名平凡的幼儿教师，陪伴在身边的，是一群可爱稚气的孩子，还有数不尽的责任和承诺。我用辛勤的汗水，浇灌出一棵棵幼苗，给他们人生起点上以方向和力量，让他们在无微不至的呵护下茁壮成长。

当时间随着孩子的吵闹和我的手忙脚乱又加上许多的教学任务……在沉重压力中慢慢地流失时，和蔼可亲的老园长及时找到了我对我说："我送你一句话：爱孩子是母鸡都可以做到的，但要教育好孩子就不是一件容易的事情了。"我不断揣摩着这句话，从此深深地记住了这一句语重心长的话。一句简单的话、简单的道理却包含着许许多多的育儿方法。我渐渐明白了一个道理，"十年树木，百年树人"，我们从事的是伟大与平凡并存的职业。

圆圈是描述人类之间平等的一种象征，蒙台梭利将这种平等注入于幼小的心灵，在幼儿时让他们感受平等，蹲下与孩子讲话，老师不再是发号施令的指挥官。人应该宽容、善待、欣赏别人，大家只有处在圆圈状态,才能看到你周围有许多与你平等站在线上的人。

如果我们早一天领悟这一人生哲理,那我们就会进入一种境界,具有一种修养。当班里的孩子用渴望的、委屈的、气愤的、求助的、俏皮的目光看你时,你不再简单地扔给孩子一句话,做出短、平、快的处理,而是蹲下来倾听,然后用你的心境去进入孩子的世界,用你修来的一种素质,得当的方法去处理,那一切都会迎刃而解。

如果说蒙台梭利让你感受到的是一种平等和谐,那加德纳的多元智能理论,将给你我带入一种平等基础上的看待与看待中的原谅和理解。孩子不再是罐子,不再是小鸭子,你不再是填鸭教学的老师,不再为班里的孩子算不出一道题而着急,讲不出一个故事而说他是不聪明的。多元智能理论会使你理解个体差异的真正含义。

……

动人的故事让我对教育事业充满了遐想与憧憬,与孩子相伴的每一分每一秒都是快乐无比的。新《幼儿园教育指导纲要》的颁发,特别是《民办教育促进法》的实施,更让我们迎来了民办教育的春天。作为一名民办幼教工作者,我倍感欣慰,在各级政府的大力支持、鼓励下,绵阳的民办教育一定会发展得更好,我们也一定会取得更大的成绩。为了实现自己的教育理想,我昂扬向上,虽然幼稚,但理性地选择了一条充满机遇与挑战的光明大道;虽然局限,但梦想中装满孩子的欢笑,装满对祖国教育事业的赤诚之心;虽然默默无闻,但正积蓄力量向另一个高度腾飞……

我的演讲完毕!谢谢大家。

一分钟自我介绍

尊敬的、平易近人的、和蔼可亲的、德高望重的老师,可爱的、大爱的、挚爱的、亲爱的同学们:

大家早上好!

在这充满生机、充满活力、充满欢乐、充满希望、充满生命的美好的春天里,很高兴能和在座的朋友们一起参加中国演讲协会举办的演讲与口才特训营。我叫黄丽梅,炎黄子孙的黄,绚丽多彩的丽,梅花香自苦寒来的梅,我的名字时时都在提醒我:作为一名炎黄子孙,要想有绚丽多彩的人生,就必须要有梅花那样吃苦耐寒的毅力与品质。为此,我不断地学习、努力、追求!

我来自广州,是一名热爱生活、热爱音乐、热爱舞蹈的教师。尽管我性格开朗、喜欢与人交流沟通,但总觉得自己的语言表达还缺点什么,听了颜老师的示范课后,我才知道演讲的博大精深,口才的魅力无穷,所以,我毫不犹豫地报名参加这次演讲口才特训营。

亲爱的朋友们,演讲口才是天下第一才,我们只要拥有了这样的口才,就一定会使自己的人生更精彩!大家说对不对?

最后,衷心地祝愿大家能够一起在颜永平老师的演讲特训班上学有所思,学有所乐,学有所获,学有所成。让我们成为一个口能言之、身能行之的优秀的炎黄子孙!谢谢!

竞选活动自我介绍稿

Hello,大家好!今天,我很荣幸能登上这个神圣的舞台,表达自己由来已久的愿望,我将尽自己最大的努力展示一个阳光女孩的自信和魅力。我拥有乐天的性格，欢笑是天下最美的风景，所以每天我都会扮演一颗开心果，尽可能给他人带去欢乐。

我很自豪，因为我拥有一个温暖幸福的家：慈祥的爷爷奶奶、豁达知理的爸爸妈妈，培养了富有爱心、热心公益活动的一个小女生，那就是我。

学习使我聪慧，助人让我快乐。我用我的爱心去关心和帮助我所能帮助的对象。在给四川灾区捐款活动中，我提议并组织班级成立了爱心小银行，尽管我们的捐款杯水车薪，但献出的爱心，汇集在一起就成了爱的海洋。由于我在活动中表现突出，还荣获了学校"爱心使者"的称号。

参加这次竞选活动，我的目的只有一个，那就是希望自己能够成为全国农运会的一名少先队形象大使。通过我的热忱服务，向全国人民展示我们南阳少年热情奔放、健康向上的无限魅力。借此机会，我衷心地祝愿明年的农运会圆满成功，祝愿我们南阳的明天更加美好！

马，只有跑过千里才知其是否为良驹；人，只有通过竞争才知其需要付出艰辛。既然是花，我就要开放；既然是树，我就要长成栋梁。我坚信，通过今天的洗礼，明天的我将更加成熟，更加自信。

尊敬的评委老师，通过我的介绍，你们握着选票的手还会犹豫吗？请大家支持我吧！我要用我的表述证明我的自信和实力，展示我的风采。今天你投我一票，明天我还你一百个精彩。

谢谢大家！

学生会干部竞职演讲稿

尊敬的老师，可爱的同学们：

大家好！我是来自08级市场营销2班的杨庆，今天我竞选的是宣传部部长一职。

说起我进宣传部的经历，其实是个意外。刚进入大学，我对大学生活充满了好奇，我抱着一颗学习的心去学生会面试。但我第一个面试的并不是宣传部，而是组织部。我在组织部的面试很失败，当时在讲台上我还没有讲完就感觉进组织部没戏了。等我演讲完毕，当时宣传部的赵妍部长拿着我的简历问我对宣传部有没有兴趣，我很高兴地点了点头……

我就这样进了宣传部。我知道，当时的宣传部部长之所以把我领进宣传部，是因为我的简历写得比较认真，字也还算不错。我很感谢她的知遇之恩。

在宣传部里，有辛劳，有汗水，更有快乐和掌声。我们为宣传部奉献了时间，奉献了劳动，但我们收获了心灵的快乐和能力的提升。我现在深刻理解了"付出多少就会收获多少"的含义。当我在宣传部工作时，如果我是抱着一颗应付差事的心，即使劳动再少，也会感到不舒心，感觉很累；如果我是抱着一颗学习的心，即使劳动再多，也会感到很轻松，很快乐。在宣传部这个温暖的大家庭里，我和我的同事们互相学习，共同进步。当我们一起工作时，我学会了合作；当我自己工作时，我学会了担当；当别人的工作很出色时，我学会了欣赏；当别人的工作做得不太好时，我学会了鼓励……宣传部，不仅让我的书法绘画技能有所提高，更重要的是使我的能力有所提高。

看着台下的学弟学妹们，我不禁感叹，时间过得真快。从我进宣传部到现在，一年过去了。如今，当初领我进宣传部的部长已经毕业工作了，现在的部长也即将退休，马上面临就业了。我相信，当宣传部部长的经历会让他们在将来的工作中更加出色；我相信，当宣传部部长的经历会让他们终身受益。

我来竞选宣传部部长，是因为我拥有一颗学习的心，一颗自我学习的心，一颗帮助他人学习的心。昨天，宣传部让我变得更加优秀；明天，我会把宣传部变得更加优秀！

谢谢大家！我的演讲完毕！

第四章 教学口语训练

第一节 教学口语的基本技能训练

幼儿教师必须具备的条件就是口语的教学能力,在幼儿口语能力培养和发展中,幼儿教师的口语教学起到了关键的作用。每一位幼儿教师都应在教育活动中提高个人教学口语的水平。幼儿教师应加强自我认识、提升自身素质和文化素养,要准确地掌握好口语的表达、掌握好口语的技巧,注重口语的教学研究,如此,才能有效地提高幼儿教师的教学口语能力。作为一名幼儿教师,口语能力很重要,它关系到对幼儿口语能力的培养和发展,良好的口语交际能力和教学能力是幼儿教师必备的,也是幼儿教师素质的体现。因此,更要探索一套有针对性、实效性的教师职业口语能力的培养策略,切实提高幼师生的口语能力是教师口语课程教学必须做好的工作。

在幼儿教师的教学口语中,修辞手法的运用是很常见的,因为修辞让语言具体形象可感,这符合了幼儿形象思维的特点。

一、修辞训练:运用多种修辞,让语言更加形象生动

幼儿文学语言是一种规范而充满诗意的艺术性"话语",具有鲜明的"听赏性"特点。幼儿文学语言的这一特点,决定了其艺术创造的特殊性:在这里,修辞发挥了巨大作用。修辞的神奇之处在于,它可以变换语言的常规形态,以一种艺术口语的形式,把幼儿对生活的体验与感受尽情地渲染和扩张出来。

修辞在幼儿文学话语艺术创造中的审美功能和特性,主要表现为生成童稚意象和创造诗意语境两个方面。幼儿园语言领域教育活动主要以幼儿文学作品为载体,修辞从某种意义上来说显示了幼儿的生存智慧性:修辞的充分使用使幼儿文学作品的隐喻性、拟人化、动作感和色彩感越强,幼儿就越有兴趣,激发的想象力就越丰富;均衡、对称、起伏、回环的语句形式,十分符合幼儿审美直觉的规律;修辞在话语艺术创造中所显示的模拟、真幻相通和变形等功能,使幼儿文学具有稚拙美、童真美和荒诞美等美学特征。幼儿文学修辞艺术的本质,是获取话语表达的最佳效果;但这一效果的取得,在幼儿对于修辞文本的接受环节才具有现实性。幼儿具有很强的语感能力,幼儿主要通过"听"来进行修辞接受;幼儿在文学作品的"听赏"中必然会产生丰富的修辞体验。幼儿修辞体验所表现

出的主要心理特征为直觉性、想象性、情感性和完形心理。通过语感训练来丰富和提高幼儿的修辞体验，可以有效增强幼儿对语言核心操作能力的不同层次的敏感性。修辞在幼儿文学创作中所显示的独特艺术功能，决定它在幼儿语言教育中发挥重要作用。现代修辞学认为，任何语言单位及其表达手段都有修辞意义。修辞在幼儿文学创作中所显示的独特艺术功能，决定了它在幼儿语言教育中的重要价值。在幼儿语言教育中，教师应自觉地以修辞艺术为视点或切入点，设计文学作品欣赏活动，使幼儿获得丰富的修辞体验，激发他们在活动中的主体性和创造性，真正实现幼儿文学作品的语言教育价值。

运用比喻、夸张、拟人、对比、反复等修辞方法，能够使幼儿教师职业口语显现出强烈的表现力和感染力，潜移默化地培养幼儿正确的人生观、道德观和审美情趣。

（一）比喻的训练要求

（1）抓住并突出事物间的相似点。用"像、如、仿佛"等，或用"是、成为、等于"等比喻词，生动形象地描写事物的特征，使人容易理解，并引起想象；使语言生动形象，还可以使深刻的、抽象的道理浅显、具体地表达出来。例如：

让小朋友们各自发挥想象，每人说一句赞美老师的话：

同学甲：老师像园丁，桃李满天下；

同学乙：老师像红烛，燃烧自己照亮我们；

同学丙：老师像蜜蜂，勤劳又勇敢；

同学丁：老师像妈妈，美丽而善良；

同学戊：老师像一本书，教给我们很多知识。

【分析】对老师做了多个比喻，引起幼儿的丰富想象，印象深刻，通俗易懂。

（2）训练要求：根据下面的小示例，两个同学为一组，一个同学说出身边的事物，另一个同学说它像什么，然后轮换。

【示例】比喻训练

同学甲：下雨天，雨从天上落下来的样子。

同学乙：像无数根银线从天上垂下。

同学甲：女同学长长的披肩发像什么？

同学乙：像一个黑色的小瀑布。

【分析】同学乙抓住了"雨线"与"银线"垂落时的相似点，以及"披肩发"与"小瀑布"的相似点。

（二）拟人的训练要求

（1）抓住事物的特征。把物当作人来描写，赋予物以人的感情、动作、状态和语言等，或把人当作物来写，使人具有物的动作或情态等。拟人使事物人格化、具体化，加强了语言的形象性、生动性和感染力。例如：月亮害羞地跑到云里躲起来了。露珠儿看见太阳出来，就高兴地笑了。

（2）训练要求：根据下面的小示例，两个同学为一组，一个同学说出需要拟人的事物，另一个同学进行表演，然后轮换。

【示例】拟人的训练

同学甲：小兔子来了！

同学乙扮演小兔子蹦蹦跳跳的样子。

同学甲：小金鱼来了！

同学乙扮演小金鱼游来游去的样子。

【分析】该示例抓住了小兔子、小金鱼运动时的动作特征。

(三) 夸张的训练要求

(1) 抓住事物最突出的特点。根据表达需要，对客观事物做扩大或缩小的描述，以突出特征或作者的想象，加强表达效果，表达强烈的感情。例如，刻画交通警察：世界上力气最大的人，就是交通警察，因为他有"气功"，只要单手轻轻一挥，几十辆车子就一动也不动了。

效果分析：发挥想象，对描写对象交通警察在路边指挥交通的行为加以夸大描写，制造特别效果，加深幼儿对交警的印象。

(2) 训练要求：根据下面的小示例，两个同学为一组，一个同学说出具体情境和需要夸张的事物，另一个同学说出夸张的句子，然后轮换。

【示例】夸张训练

同学甲：故事《大怪物》中有一个大大的怪物，它长得特别可怕，尤其是它那张血盆大口，用夸张的手法描写一下怪物的大嘴。

同学乙：那怪物有一张大大的嘴，差不多占到了它那脸的一半，那张大嘴张开时，就像一个黑洞洞的大山洞，让人害怕。

【分析】同学乙抓住了怪物最具特征的部分——大嘴，并用夸张、比喻的手法进行描写，生动形象。

(四) 对比的训练要求

(1) 对比是把两个相对或相反的事物，或者一个事物的两个不同方面并举出来，相互比较的一种修辞方式。运用对比，把两种对应的事物对照比较，能把好同坏，善同恶，美同丑这样的对立揭示出来，使好的显得更好，坏的显得更坏，让幼儿在比较中分清好坏、辨别是非，给幼儿以深刻的印象和启示。

(2) 训练要求：根据下面的小示例，两个同学为一组，一个同学说出具体情境和需要夸张的事物——路灯，另一个同学说出对比的句子，然后轮换。

【示例】对比训练（大班）：描绘路灯

同学甲：白天，

同学乙：路灯是一棵棵的树；

同学甲：晚上，

同学乙：路灯就变成一朵朵的花。

【分析】同学乙就一个事物的两个不同方面并举出来，相互比较，使形象更鲜明，让幼儿感受更强烈。

快速说出反义词训练：高—低；快—慢；美—丑；上—下；大—小；前面—后面；左边—右边。

（五）反复的训练要求

（1）词语、词组或句子反复。为凸显某种感情或某种行为，为了表达内容或者结构安排的需要，连续两次以上使用同一词语、词组或句子，强调突出思想目的，加强语气，渲染感情。分清层次，富有音乐性，加强节奏感，增强旋律美。例如："你来了，我来了，他也来了，歌咏比赛的选手和观众都来了。"

（2）训练要求：让小朋友们各自发挥想象，每人说一句带"笑容"的话。

【示例】反复训练

同学甲：看呐，老师脸上带着笑容，

同学乙：学生脸上带着笑容，

同学丙：评委脸上也带着笑容，

同学丁：家长脸上也带着笑容，

同学戊：连花儿的脸上都带上了笑容。

【分析】运用了拟人和反复的修辞手法，带入了多个角色，使文句整齐有序，而又回环起伏，像诗歌的格式，节奏感强，充满语言美。

二、设置具体情境，让幼儿能更加具体地感受

幼儿生活经验有限，其思维属于典型的形象思维模式，要想使幼儿更好地理解教学内容，除了运用各种修辞让语言形象生动起来，还有一种方法就是设定具体的情境，使抽象的教学内容具体可感，能有效地唤醒幼儿有限的生活经验，使他们更好地接受教学内容。

【训练要求】根据下面的小示例，每五个同学为一组，然后按照老师布置的任务分工合作，商量设置具体情境，模拟幼儿园教学。一个同学说出具体情境和需要夸张的事物，另一个同学说出夸张的句子，然后轮换。

【示例】数学活动："小动物搬新家"（中班）教学设计

【设计意图】中班幼儿对数字已经有了初步的了解，但对于序数与数字的关系并不了解。为了进一步提高幼儿对自然序数的认识，能正确运用序数词，体验序数的排列关系，我们根据幼儿年龄特点结合孩子们的生活经验设计了数学活动"小动物搬新家"。在设计活动时，创设帮助小动物搬家的情境，通过幼儿观察、动手操作感知理解序数与数字的关系，并能准确地表达物体在序列中的位置。在此过程中激发了孩子们操作的兴趣，培养了孩子们良好的操作习惯，并在体验成功的同时感受数学学习活动的乐趣。

【活动目标】

（1）乐于参与操作学具活动，感受数学学习活动的乐趣。

（2）从不同角度正确感知物体在序列中的位置。

(3) 学习10以内序数，能用序数词准确表述物体在序列中的位置。

【活动重点】 通过游戏，能用序数词准确地表述物体在序列中的位置。

【活动难点】 感知同一个物体从不同方向开始数，序数是不同的。

【活动准备】

(1) 幼儿用的10种动物图片、10层的房子图片每人一套。

(2) 教师用的动物、列车、房子图片一套。

【活动过程】

(一) 按照号码找凳子，复习5以内序数 教师将幼儿带入活动室

指导语："今天来了这么多老师，小朋友们该说什么呀？小朋友们真有礼貌！今天小朋友们和于老师一起玩好吗？听，这是什么声音？我们的火车就要开了，小朋友们准备好了吗？叱！火车到站了，小朋友看看每排小凳子前面的地上都贴了小圆点，我们看看它们都是什么颜色的？好了，小朋友到于老师身边，于老师要发给小朋友们号码，一会儿小朋友要根据号码牌上的颜色和数字来找自己的小凳子。拿到号码后先看看你拿的是什么颜色的，找到和你号码牌颜色相同的小圆点，然后看清自己的数字，拿到数字几，就坐到第几个小凳子上。如果拿到红色的数字1，就坐在第一个小凳子上，如果拿到黄色数字2，应该坐到哪个小凳子上？小朋友们真聪明，拿到号码就去找自己的小凳子吧。"教师发号码。

指导语："红队的小朋友把号码举起来，老师来检查。请把你的号码放在小筐里。"

(二) 引导幼儿感知物体在横排序列中的位置

1. 引导幼儿观察坐在横排列车中的动物

指导语："今天许多小动物也乘着列车来到这里，它们要搬家。看，它们的列车开来了，我们来伸出右手食指，从火车头的方向开始，数一数这列火车有几个车厢？能坐几只小动物？可是小动物都藏在白色的窗帘后面了，我们一起来请小动物出来好不好？先看老师请一个，我先请第3号车厢的小动物出来。把白色的小窗帘撕下来，放在前面的小筐里。请小朋友们也看看自己的3号车厢坐的是谁。"

2. 引导幼儿观察火车后面的树

指导语："原来每节车厢里都有一个小动物。快看，小动物乘坐的火车停下来了，我们看看火车后面有多少棵树？火车头停在了第几棵树的前面？"有的说是第3棵，有的说是第8棵。请幼儿分别来表述自己是怎样数的。

【教师小结】 为什么同一棵树，小朋友数的会不一样呢？有的数的是第3棵树而有的数的是第8棵树？这是因为小朋友们开始数的方向不一样。有的是从有太阳的这一边开始数的，有的是从有云彩的那一边数的，所以同是这一棵树，从这边数是第3棵，从那边数是第8棵。原来，同一个物体从不同的方向开始数，它的序号是不一样的。

3. 再次感知列车中的动物顺序，为动物们发号码

指导语："火车已经停好了，现在请小朋友们为小动物们发号码，拿到几号的小动物一会就搬到第几层去住。请你从列车头的方向开始为它们按顺序发号码。像老师这样，将双面胶的纸撕下来，放在筐子里，从自己的小碗中拿出号码牌，将号码牌贴在相对应的小动物下面。现在请小朋友在小筐中拿出自己的小碗，为小动物们发号码牌吧。"请幼儿说一说为谁发了几号，为什么？引导幼儿说出因为它从列车头开始数是第几个，所以给它几号。

（三）引导幼儿感知物体在竖排序列中的位置

教师出示房子图片，引导幼儿观察房子，并按照刚才的号码，请动物们搬进新家。指导语："现在每个小动物都有一个号码了，我们欢迎它们搬进新家。哇，这就是小动物们的新家，漂亮吗？真漂亮，小动物们也非常喜欢，急着去新家呢。刚才它们拿到几号号码牌就住到几楼去。小兔子是1号号码牌，它要住到1楼去。住在1楼，是该高高的，还是低低的呢？哦，所以数房子的时候，要从下往上数第一层、第二层……看，每一层的窗户下面都有一个小空，我们就让小动物们从小空里住进去。并且一边让它们住，一边说诸如'请小兔子住在第几层'之类的话。"

指导语："小朋友们的小动物都住进去了吗？哦，这么漂亮的房子，于老师的小动物也要住呢。帮帮于老师吧。"请幼儿说一说，谁住在了第几层。

（四）搭火车游戏

结束活动时的指导语："小动物们都住对了，它们多高兴啊。小朋友们真能干！小朋友们玩得开心吗？于老师也很开心。今天的游戏就要结束了，听，火车又要开了，我们快拿起自己的小号码，按顺序坐上火车回去了。和老师说再见！"

【分析】在具体的故事情境中，小动物们的门牌号与各种颜色的房子一一对应，将抽象的数字与具体的事物、有趣的故事情节相结合，效果良好。

三、多用拟声词，让语言更加可感

（1）拟声词又称象声词、摹声词、状声词，它是模拟自然界声音的一种词汇，是世界上所有语言都具备的成分。

（2）训练要求：根据下面的小示例，两个同学为一组，一个同学说出大自然中的现象，另一个同学给出拟声词，然后轮换。

【示例】拟声词训练

大自然是位伟大的音乐家，她能演奏出各种动听的音乐。

同学甲：风声。

同学乙：呼呼。

同学甲：雷声。

同学乙：轰隆。

同学甲：雨声。

同学乙：哗哗。

【分析】大自然中的同一种现象，可能有多个拟声词能表达，平时注意多积累。

四、表达方式训练

表达方式是指表达特定内容所使用的语言方法、手段。幼儿教师常用的口语表达方式包括叙述、描述、抒情、议论和说明等。

（一）叙述

叙述也就是陈述，在语言和社会领域的教学中运用较多。教师可以通过叙述向幼儿介绍人物的经历和事迹，交代事情的发生经过，以及对幼儿的要求、日常生活中应遵循的规范等，教师在叙述人物和时间的时候，要注意讲明人物的性格特征、主要事迹，以及事情的发展脉络，叙述应有条有理，顺序得当；在叙述对幼儿的要求的时候，要充满感情，不要平铺直叙，以免引起幼儿的厌倦。

【练一练】用叙述的方式告诉幼儿：雷锋是个怎样的人。

（二）描述

描述是用生动、形象的语言把人、事、物的特点等加以具体描述的表达方式，在语言和艺术领域使用最多。教师在描述时要注意，一定要抓住描述对象的主要特征，并适当地运用相应的修辞手法。

【练一练】分小组练习：每个人分别描述一种植物，然后互评谁的语言最生动、形象。

（三）抒情

抒情是教师用语言抒发出自己的感情，并感染幼儿。教师在抒情时要用明确的语言、饱含激情的语气，才能收到良好的效果。面对不同年龄段的幼儿，教师要采用不同的抒情方式。对小班幼儿一般是直接抒情，培养幼儿正确的情感倾向。对大班幼儿则可以多启发，采用间接的、含蓄的抒情方式，培养幼儿的感悟能力。

【练一练】设计一段话，请用抒情的方式表达你对家乡的热爱。

（四）议论

幼儿园教学活动中也会用到议论这一表达方式，教师主要用它来表达自己的见解或感受，评价某种行为的对错，以加深幼儿对某事物或行为的认识，提高幼儿分辨是非的能力，培养正确的道德观念。议论一般都与叙述、说明等表达方式相伴出现。

【练一练】在中班进行社会活动"团结起来力量大"。请你设计一段教师发表议论的话。

（五）说明

说明就是教师向幼儿介绍、解说事物或现象等的一种表达方式，它是科学、健康和手工等活动中常用的口语表达方式。教师在进行说明时，要注意语言应通俗、真实准确，同时还应有一定的趣味性；语速、语气要适当，可以做必要的重复。

【练一练】在中班进行手工活动"折小鸟"。请你设计一段话，教幼儿用纸折小鸟，要求说明折纸的顺序、方法和要求。

在幼儿园教师的教学活动中，常常需要综合使用叙述、描述、抒情、议论、说明等表达方式，才能更好地完成教学任务。

总之，在教学活动中，教师应要求自己的语言规范化。对幼儿说话时，尽量清楚、简练、文明、礼貌、语气温和。并且有意识地加强自己的语言修养，提高自己的讲话技巧，让幼儿听得懂，喜欢听，学得会，让自己成为幼儿学习的榜样。让我们彼此心心相印，在不同的岗位上各尽所能，都来做培养祖国花朵的好园丁，使今天的满园春色、娇嫩蓓蕾，变成明天的桃李芬芳，使幼儿将来成为社会的栋梁，成为有益于人民的人。

课后练习

根据下面的提示，运用所学知识展开想象，用拟人的手法，表演水循环的故事。

【情境】小水珠在太阳的照射下蒸发，随云漂移，再随雨、雪、雹等返回地面、海里、河里……

【人物】小水珠若干、太阳、云朵等。

【拓展活动】

教学过程是师生共同参与的一个复杂的动态过程，受教师、学生、教学环境等诸方面因素的影响，处在不断变化之中，因此课堂教学充满着各种可变性因素。特别是现代教育倡导自主合作探究的学习，这种开发性的课堂瞬息万变，对教师在课堂上的现场应变能力与调控能力提出了更高更难的要求。因此，要根据幼儿的生理、心理发展规律因势利导，才能完成教学任务。

第二节 幼儿的注意力分析

一、无意注意

1. 无意注意的概念

无意注意是没有预定目的、不需要意志努力、不由自主地对一定事物所产生的注意。无意注意又称不随意注意，就是我们经常说的不经意。它是一种自然而然发生的、不需要作任何意志上的努力的注意。它常常是由于刺激物本身新异、生动、夸张、色彩绚丽、突然运动等特性使人不由自主地、情不自禁地把自己的心理活动指向并集中于它。例如大家正在开讨论会，忽然有一个人推门进来，大家都不由自主地转过头去看他，这就是无意注意。这种注意是被动的，是对环境变化的应答性反应。

无意注意是由刺激物的特点和对我们有直接兴趣的事物所引起的。

2. 无意注意的特点

3~6岁幼儿的注意仍然主要是无意注意。但是和3岁前幼儿相比，其无意注意有了较大发展，主要有以下两个特点。

（1）刺激物的物理特性仍然是引起无意注意的主要因素。强烈的声音、鲜明的颜色、生动的形象、突然出现的刺激物或事物发生了显著的变化，都容易引起幼儿的无意注意。

（2）与幼儿的兴趣和需要有密切关系的刺激物，逐渐成为引起无意注意的原因。幼儿的生活经验比以前丰富了，对于一些事物有了自己的兴趣和爱好，符合幼儿兴趣的事物，容易引起幼儿的无意注意。

3~6岁的幼儿，随着知识经验和认识能力的发展，能够发现许多新奇事物和事物的新颖性，即与原有经验不符合之处。在整个幼儿时期，对象的新颖性对引起注意有重要作用。

3. 幼儿无意注意的发展

幼儿的无意注意已高度发展，而且相当稳定。凡是鲜明、直观、生动具体、突然变化的刺激物都能引起幼儿的无意注意。但各年龄班幼儿由于所受教育以及生理、心理发展等方面的差异，他们的注意表现出不同的特点。

小班幼儿的无意注意占明显优势，新异、强烈以及活动着的刺激物很容易引起他们的注意。他们入园后经过一段时间的适应，对于喜爱的游戏或感兴趣的学习等活动，也可以聚精会神地参与进来。但是，他们的注意很容易被其他新异刺激所吸引，也容易转移到新的活动中去。例如，在"抱娃娃"游戏中，开始，他会把自己当成娃娃的妈妈，耐心地喂饭，但当他转身去拿"饭"时，发现其他小朋友正在沙坑里搭起一座"小花园"，他的注意便一下转到"小花园"中去，便走到沙坑边去玩了。

小班幼儿的注意很不稳定。正因如此，当一个幼儿因为得不到一个玩具而哭闹时，教师可以让他和别的儿童玩别的游戏，以此转移他的注意。这时，他的脸上虽然还挂着泪珠，但是很快就高兴地玩起来了。

中班幼儿经过幼儿园一年的教育，无意注意进一步发展，已经比较稳定。他们对于有兴趣的活动，能够长时间地保持注意。例如，玩"小猫钓鱼"游戏，幼儿一看到花猫的头饰和漂亮的钓鱼竿便兴致很高。在游戏中能够较长时间保持注意，玩个不停。在学习活动中，中班幼儿对感兴趣的，也可以长时间地埋头做。他们的注意不但能持久、稳定，而且集中的程度也较高。

大班幼儿的无意注意进一步发展和稳定。他们对于有兴趣的活动，能比中班幼儿更长时间地保持注意。直观、生动的教具可以引起他们长时间的探究。中途突然中止他们的活动，往往会引起他们的反感。同样，大班幼儿可以较长时间地听教师讲述有趣的故事，不受外界的干扰，对于影响讲述的因素会明显地表现出不满，而且设法加以排除。大班幼儿的无意注意已高度发展，相当稳定。

二、有意注意

1. 有意注意的概念

有意注意有预定的目的，不需要主观意识的控制与调节，必要时还需要做出一定程度的意志努力。有意注意又称为积极的注意或随意注意。如幼儿要用积木搭一个动物园，他就要集中注意，不受其他活动干扰，并坚持努力才能把它完成，这样的注意就是有意注意。

有意注意是一种人所特有的注意形式，和无意注意有着质的不同。例如我正在专心看书，听见别人谈到使我感兴趣的问题，我的注意就不由自主地转向他们的谈话内容，这是无意注意。如果当时我想到必须坚持学习，经过一定的努力，仍旧把注意集中到书上，这就是有意注意。这是一种主动的、服从于一定目的要求的注意。

2. 有意注意的特点

幼儿期有意注意处于发展的初级阶段，水平低，稳定性差，而且依赖成人的组织和引导，主要有以下几个特点。

（1）幼儿的有意注意受大脑发育水平的限制。有意注意是由脑的高级部位控制的，大脑皮质的额叶部分是控制中枢所在。额叶的成熟，使幼儿能够把注意指向必要的刺激物和有关动作，主动寻找所需要的信息。额叶在大约7岁时才达到成熟水平，因此，幼儿期有意注意开始发展，但远远未能充分发展。

（2）幼儿的有意注意是在外界环境，特别是成人的要求下发展的。儿童进入幼儿期，也就进入了新的生活环境和教育环境。儿童在幼儿园必须遵守各种行为规范，完成各种任务，对集体承担一定义务。所有这些都要求幼儿形成和发展有意注意，注意服从于任务的要求。因此，各种生活制度和行为规则，是使幼儿有意注意逐步发展的主要因素。

幼儿的有意注意需要教师的指引。在教学活动中，教师的作用在于：第一，帮助幼儿明确注意的目的，产生有意注意的动机，即自觉地有目的地控制自己的注意，并且用意志努力去保持注意。如果幼儿能够在头脑中形成目的和任务的表象，认识到其必要性，就能产生完成有意注意活动的强烈愿望，一切与完成任务有关的事物都能吸引他的注意。第二，用语言组织幼儿的有意注意。教师提出问题，往往能够引导幼儿有意注意的方向，使幼儿有意地去注意某种事物。

（3）幼儿逐渐学习一些注意方法。由于有意注意是自觉进行的，保持有意注意需要克服一定的困难。因此有意注意要有一定的方法。幼儿在成人教育和培养下，逐渐能够学会一些有意注意的方法。

（4）幼儿的有意注意是在一定的活动中实现的。幼儿的有意注意，由于发展水平不足，需要依靠活动进行。把智力活动与实际操作结合起来，让幼儿能够完成一些既具体又明确的实际活动的任务，有利于有意注意的形成和发展。

3. 幼儿有意注意的发展

幼儿前期已出现有意注意的萌芽。进入幼儿期后，有意注意逐渐形成和发展。有意注意是由脑的高级部位，特别是额叶控制的。额叶的发育比脑的其他部位迟缓，幼儿期额叶的发育为有意注意的发展准备了条件。有了这个条件，幼儿的有意注意在成人的要求和教育下就逐渐发展着。

小班幼儿的注意是无意注意占优势，有意注意只初步形成。他们逐渐能够依照要求，主动地调节自己的心理活动集中指向于应该注意的事物。但有意注意的稳定性很低，心理活动不能有意地持久集中于一个对象。在良好的教育条件下，一般也只能集中注意3~5分钟。此外，小班幼儿注意的对象也比较少。譬如上课时，教师引导幼儿观察图片，他们往往只注意到图片中心十分鲜明或者十分感兴趣的部分，对于边缘部分或背景部分常不注意。所以为小班幼儿制作图片，内容应尽量简单明了，突出中心。呈现教具时也不能一次呈现过多；教师还要具体指示幼儿应注意的对象，使幼儿明确任务，以延长幼儿注意的时间，并注意到更多的对象。

中班幼儿随着年龄的增长，在正确教育的影响下，有意注意得到发展。在适宜条件下，注意集中的时间可达10分钟左右。在短时间内，他们还可以自觉地把注意集中于一种并非十分吸引他们的活动上。例如，上图画课时，为了画好图，他们可以注意地看范图，耐心听教师讲解，然后自己作画。又如为了正确回答教师提出的计算问题，他们能够集中注意默数贴在绒布上的图形数目或者点数自己的手指或实物。

在游戏中，小班幼儿往往顾不上别的儿童，注意到别人游戏，自己便无法正常进行活动。这表明小班儿童还不能同时注意多种对象。中班幼儿在和小朋友一起游戏时，不仅能自己注意玩好，还可以同时照顾其他小朋友。这表明中班幼儿活动时，已经能够同时注意到多种对象。

大班幼儿在正确教育下，有意注意迅速发展。在适宜条件下，注意集中的时间可延长到10~15分钟。这样，他们就能够按照教师的要求去组织自己的注意。在观察图片时，他们不仅可以了解主要内容，也可在教师提示下或自觉地去注意图片中的细节和衬托部分。

大班幼儿不仅能注意外部的对象，对自己的情感、思想等内部状态也能予以注意。听故事时，他们可以根据自己的体验去推测故事中人物的心理活动和内心想法。有时在下课后，还会找教师讲述一些课堂上的问题以及自己的想象和推测等。这说明大班幼儿的有意注意已有相当程度的发展。

三、怎样防止幼儿注意分散

教师要针对幼儿注意分散的原因，采用适当措施防止注意分散。

1. 排除无关刺激的干扰

幼儿的注意以无意注意占优势。他们容易被新异的、多变的或强烈的刺激物所吸引，加之他们注意的稳定性较低，容易受无关刺激的影响。例如，活动室的布置过于繁杂，环境过于喧闹，甚至教师的服饰过于奇异，都可能影响幼儿的注意，使他们不能把注意集中于应该注意的对象上。实验表明，让幼儿自己选择游戏时，一般以提供四五种不同的游戏为宜。提出太多的游戏，幼儿既难选择，也难集中注意玩好。

所以，教师组织游戏时不要一次呈现过多的刺激物；上课前应先把玩具、图画书等收起放好；上课时运用的挂图等教具不要过早呈现，用过应立即收起；对年幼的儿童更不要出示过多的教具。教师本身的衣饰要整洁大方，不要有过多的花饰，以免分散儿童的注意。

2. 根据幼儿的兴趣和需要组织教育活动

兴趣是引导幼儿注意的主观条件。兴趣、成功感以及他人的关注等因素可以构成活动的动机。这些因素会直接影响活动的注意。如果活动的内容太难，幼儿就会不感兴趣，从而丧失了参加活动的积极性；如果活动内容太简单，幼儿就会觉得缺乏新异性、挑战性而减少对他们的吸引力。另外，教师对教育过程控制得过多、过死，幼儿缺少积极参与和创造性发挥的机会，缺少实际操作的机会，教育过程呆板、少变化等，都可能涣散幼儿的注意力。所以，幼儿园的教育活动应符合幼儿的兴趣和发展需要。活动内容应贴近幼儿的生活，找一些他们关注和感兴趣的事物；活动方式应尽量"游戏化"，使其在活动过程中有愉快的体验；组织形式应有利于师生之间、伙伴之间的交往；活动过程中要使幼儿有一种"主人翁"的自主感，能主动活动、动手动脑、积极参与。

3. 灵活地交互运用无意注意和有意注意。

教师可以运用新颖、多变、强烈的刺激，激发幼儿的无意注意。但无意注意不能持久，而且学习等活动也不是专靠无意注意所能完成的，因而还要培养和激发幼儿的有意注意。教师可向幼儿讲明学习本领及做其他活动的意义和重要性，说明必须集中注意的道理，使幼儿逐渐能主动地集中注意；即使对不十分感兴趣的事物也能努力注意，自觉地防止分心。教师应机智地运用两种注意形式，交替运用，使幼儿能持久地集中注意。

第三节　主要教学环节的口语表达

幼儿园的教育工作目标是促进幼儿素质的全面提高和个性的充分发展。幼儿素质的提高和个性的发展是通过活动来实现的，活动是幼儿的主要学习方式。

在幼儿园的教育环境中，幼儿活动是在教师组织下进行的有目的的学习活动，在这些活动中，教师起着重要的指导作用。他们通过示范、讲解、提问、练习等多种方法，点明操作规程、用具、技巧，指导幼儿活动，使幼儿通过指导，学会知识，懂得道理，掌握技能。教师指导通常都有导入、讲解、总结等环节，这些运用在不同教学环节的指导性口语分别是：导入语、提问语、讲解语、过渡语、应变语、结束语等。

一、导入语

导入语是教师在开始讲授新课之前，精心设计的一段简练、概括的教学语言。导入语可激发幼儿的学习兴趣、调解教学气氛，衔接新旧知识，为一节课的顺利展开打下良好的基础。良好的开端是成功的一半。这就要求：一是设计导入语要选好导入点。导入点一定要与活动主题有关、贴近幼儿生活经验，容易引起幼儿的兴趣。二是导入的语言要简洁生动，富有启发性。切忌东拉西扯，偏离主题，或拖沓冗长，引起幼儿的厌倦情绪。三是导入语设计贵在新颖、有趣，能激发幼儿学习的积极性，唤起学习的冲动和愿望，为下一阶段的学习内容做好铺垫。在幼儿园教学中，导入语有很多方式，如谈话式、讲故事式、猜谜式、提问式等。

1. 故事导入法

故事导入法，顾名思义即以孩子们感兴趣的故事导入新课的学习。在教学中根据具体内容，恰当穿插一些趣味性较强且寓意深刻的故事，不仅可以活跃课堂气氛，激发学生学习兴趣，加深学生对课本内容的理解，还能通过直接经验和间接经验相结合的规律来进一步提高学生的思想觉悟。

故事导入法特别适合低年级学生的课堂教学，故事是儿童认识世界的门户，它对孩子的魅力是无穷的，故事有很多，如童话故事、寓言故事、社会生活经验小故事、英雄人物故事、科学家故事、益智故事等有教育教学价值的故事，喜欢听故事几乎是从幼儿园小朋友到中学生的普遍心理特征。一堂以活泼、生动的故事情节进行教学的授课模式，称之为"故事教学模式"。故事教学法、故事教学模式，也常被简称为"故事教学"。

2. 表演或游戏导入法

游戏导入法是使学生在游戏中体验并获得感受，它是导入环节设计中有效方法之一。喜欢游戏是儿童的天性，游戏可以激发和培养学生的兴趣。我国著名教育家陈鹤琴先生说过：小孩子生来是好动的，是以游戏为生命的。实践也证明游戏活动可以调动学生学习的积极性。所以教学中可以借助简单的游戏入手，这种导入生动活泼，突出了学生的直接感受，学生在兴奋的情绪中，主体性得到最大限度的发挥，便会主动积极地思考和理解新知识。

利用游戏导入的方法进行教学，不但学生的学习积极性很高，主动参与的欲望很强，还能体现出品德与生活课的呈现形态，是"儿童直接参与的主题活动、游戏和其他实践活动"，突显课堂中学生是主体的教育理念，并在游戏中，进一步促进和培养学生的各种能力。

3. 谈话导入法

谈话以平等交流、易于接受的特点被孩子们所喜欢，而教师有目的的引导性谈话直接在新课与学生认知结构之间建立联系，以引起学生的有意注意，产生学习动力。教师简洁、明快地讲述或设问，是直接导入成功的关键。

4. 漫画导入法

漫画、动漫，形象诙谐，机智幽默，蕴涵着深刻道理，以其特有方式反映生活，反映现实，具有很强的针对性。课堂导入，恰当选用漫画，既增添了课堂教学的趣味性，又能启发学生思维，具有明显效果。品德与生活、品德与社会教材中就有大量与现实生活密切相关的话题，如果恰当地利用漫画，可以化抽象为直观，变枯燥为生动，激发学生学习兴趣，培养其观察力与思维能力。

5. 歌曲导入法

生活离不开音乐，美妙的歌曲可以感染人。积极向上、健康高雅的歌曲，既可以活跃课堂氛围，融洽师生关系，又可以释怀学生心灵，在轻松愉悦的环境中感悟新知，获得学习的乐趣。品德与生活、品德与社会课程教学必须把情感目标摆在十分重要的位置。只有增强学生的人文情感、社会情感和思想品德情感，才能真正体现本学科的德育功能，完成育人任务。而激发情感的一个有效手段，就是教师根据教学内容，恰当、适时地播放一些格调高雅、积极向上的优秀歌曲，寓教于乐，寓教于美，陶冶学生情操，丰富学生情感。

6. 实例导入法

实例导入法，运用贴近学生生活的实例进行教学，引导学生自己思考问题，自己去发现和矫正错误的心理状态，有利于改变一味灌输的教学模式，打破沉闷的课堂气氛，提高教学效率，也体现了知行一致的原则。变知识的传授为思维的训练，增强学生自我修养、自我提升的意识和能力。同时在观察和分析典型的生活事例过程中，调动学生学习的积极性和主动性，引导学生积极思维、独立思考，在掌握知识的同时，提高其分析问题和解决问题的能力，既可以激发学生的兴趣，又能调动思维的积极活动。

7. 小品导入法

小品表演形象直观、生动鲜活。课堂导入采用小品表演方式，能让学生身临其境，感同身受，能抓住学生的心思，吸引学生眼球，引导学生思索，展开课堂教学。教师在课前做好组织安排，表演者做好准备，往往能收到意想不到的效果。

8. 影视导入法

历史题材的电影、电视虽有虚构，但主体是符合历史真实的，其中有不少与历史知识相关的情节，在导入新课中适当地运用，能烘托课堂气氛，引发学生的共鸣。

此外还有：诗歌导入法、问题导入法、情境导入法、谜语导入法、实验导入法、唱儿歌导入法、复习导入法、直接点题导入法、教具演示导入法等。

下面是几种不同的导入语范例。

(1) 教师："今天老师请大家看看我们的教室展出了小朋友们带来的很多'五一'节的纪念品和照片。大家自由地看看，边看边可以向你身边的朋友介绍一下：这个'五一'节你去了哪里，你和谁去的，有什么好玩的，有什么开心的事情。"

【点评】这段导入语目的性很强，就是谈"五一"节，教师语言简洁，指导性强，让幼儿一下子就进入中心话题。

(2) 美工——听诗歌绘画"未来的太空"（课前组织幼儿观察画有太空飞行物的图片）。

教师："画画儿前，我们先来听一首好听的诗歌。"（打开录音，播放配乐诗《弯弯的月亮》）"谁能告诉我，刚才诗中的小朋友坐在小船上看见了什么？如果你坐在上面，又能看见什么呢？"（幼儿讨论后，请他们把想的、说的画在纸上。）

【点评】教师用诗歌导入，将幼儿引入美妙的想象的世界，让幼儿联想到天空的奇妙景象，思维活跃，为后面的绘画活动准备了丰富的素材。

(3) 认识鱼（小班）。

教师："老师今天钓了好多鱼，小朋友们高不高兴？现在老师把鱼盆搬到你们面前，让你们仔细看看。你们看，鱼儿在干什么呢？""鱼儿看见你们非常高兴，它们在水里游来游去，还要和小朋友们说话哩！你们听！"（打开录音机）

(录音机播放) 鱼："小朋友们，你们好！你们知道我是谁？我的名字就叫鱼。你们看，我身上有些什么？"（关录音机）

教师："小朋友们，鱼儿请你们看看它身上有些什么，大家仔细看，看清楚了就说给鱼儿听。"

【点评】这一常识活动的目标是"认识鱼"。教师采用直观导入的办法,将活蹦乱跳的鱼摆在小朋友的面前,使用拟人的话语让幼儿跟鱼更亲近,更富人情味。导入语亲切、自然、生动,有启发性。

二、提问语

提问是幼儿集体活动指导中最常用的方法。提问语是幼儿教师以发问的形式唤起幼儿进行思维活动而使用的语言。提问语要能激发幼儿的学习兴趣,引发幼儿思考,在回答问题的过程中培养幼儿的口语表达能力,发展智力。提问前,教师要设计好提问语。问题要明确易懂,多设计开放式的提问,便于幼儿主动思考,积极寻求答案。不提那些幼儿回答不了的问题,或简单到只用"是""不能"等词语就能回答的问题。善于运用提问语,最能体现教师的教学艺术,"引导之法贵在问"。

(一) 提问的语句形式、语气特点

提问的语句形式、语气特点有如下三种。

(1) 设问——教师自己设问,自己作答。
(2) 商问——教师采用与幼儿商量、探讨的语气发问。
(3) 反问——这是一种寓答于问的说法。

(二) 教师提问要适时、适度、适量

要求使用提问语时做到以下几点。

(1) 围绕教育内容提问,并能根据活动进展的需要,灵活调整、改变和引申。
(2) 提问能够激发幼儿学习、探究的兴趣。
(3) 多提启发性问题,引导幼儿从多角度思考问题,运用已有经验解决问题。
(4) 提出问题的难度与幼儿发展水平相适宜,让每个幼儿都有回答的机会,使其有成功感。
(5) 提问题后要留给幼儿思考的时间,并以期待的目光鼓励幼儿勇敢表达。
(6) 问题提出后,根据幼儿在回答时的不同表现,适时引导。
(7) 鼓励幼儿大胆提问,创设支持幼儿提问的良好氛围,让每个幼儿感到他们能提问,可以提问,有权利提问。
(8) 当幼儿向教师提出问题时:积极关注,认真倾听,及时赞扬每一个幼儿的提问,并进行记录。
(9) 教师提问或回答幼儿提问时表情应亲切自然,语言清楚、规范,并适当配合相应的手势和身体姿势。

(三) 提问语的种类

提问语的种类很多,主要有以下四种。

1. 填空式提问语

幼儿教师用填空式的提问语,激发孩子们进行感知与思考。

2. 选择式提问语

幼儿教师用选择题的方式提问,调动幼儿对原有的知识进行筛选。

3. 反馈式提问语

幼儿教师通过提问，掌握幼儿对所讲内容的理解状况。

4. 探究式提问语

幼儿教师通过提问来探究事情的原因，从而引发幼儿的思考。

总之，教师应清楚提问的意图，避免模糊的提问，把握提问的节奏，倡导对提问的思考，采用灵活多样的提问方式。

【示例】

语言活动：小蛋壳历险记（大班）

在小朋友看完故事后，老师提问，小蛋壳遇到了谁？它们之间会发生什么？

【分析】教师通过反馈式提问，掌握小朋友对故事的理解程度。

绘本活动：鼠小弟的小背心（小班）

老师在讲到小背心被大象试穿后，已严重变形了，老师提问，鼠小弟看到自己心爱的小背心不成样子了，它会高兴还是伤心呢？

【分析】教师通过探究式提问，让小朋友进行更深入的思考。

科学活动：认识黄瓜（中班）

老师提问，小朋友们在家都吃过黄瓜吗？小朋友们看一看，黄瓜是什么样子的，用手摸一摸，手上有什么感觉，小嘴尝一尝，嘴里是什么味道？小朋友们为什么吃黄瓜呢？吃黄瓜有什么好处？

【分析】该示例中有反馈式提问、填空式提问和探究式提问。

三、讲解语

讲解是教与学的核心部分，是教学活动的主要环节。讲解语是幼儿教师讲述、阐释教学内容时所采用的语言。在幼儿教育活动中，教师需要讲解的内容很多，但主要应讲清"是什么""问什么""怎样做"等问题。讲解语要求语言规范、表达准确、层次清晰、重点突出、深入浅出、简明易懂、饱含情感、形象生动、富有感染力，还要带有趣味性和启发性。

讲解常与示范结合起来运用。语言的示范要清楚、响亮，富有表现力；动作或用具的示范要面向全体幼儿，使大家都能看到。幼儿教师运用讲解语要求规范、明了、准确，深浅适度，尽量用生动、鲜明具体的语言。讲解语重在点拨，启发思维，要对教学的氛围起主导作用，生动形象且富有情感。

讲解语一般有提问式、对话式和独白式三种类型。通过教师讲解，让幼儿能够更好地明白事情的发生、发展，体验人物的情绪、情感，掌握科学道理，有利于正确理解教学内容。

【示例】

节日活动：中秋节（小班）

师：今天是农历八月十五中秋节。中秋节的晚上月亮特别圆、特别亮。我们中国人有个习惯，中秋节这一天，圆圆的月亮挂在天上，一家人一边看月亮，一边吃月饼，也可以玩花灯、放焰火，一家人团团圆圆，真快乐，所以中秋节又称为团圆节。又香又甜的月饼也被人们做成圆圆的，像月亮一样，"月饼"在古代也被人们叫作"团圆饼"，中秋节是我们中国的传统节日。秋天也是收获的季节，粮食丰收了，水果丰收了，所以中秋节也叫丰收节。

四、过渡语

过渡语，是教学过程中教师从一个教学环节转向另一个教学环节采用的过渡性用语。过渡语又称衔接语、转换语。巧妙的过渡语可以起到自然勾连、上下贯通的作用。过渡语也是引路语，提示和引导幼儿从一方面的学习，顺利地过渡到下一个方面的学习。这对吸引幼儿的注意力，发展幼儿的积极思维起促进作用。幼儿教育中的过渡语要求简短、巧妙机敏、藏而不露。在教学中，过渡语起到承上启下、提醒幼儿注意、温故知新等作用。常常一个词、一句话，或一个感叹、一个要求，就可以把一节课的内容衔接成一个整体，给幼儿以层次感、系统感。过渡语可以分为许多类型，主要有以下几种：直入式过渡、承上启下式过渡、小结式（归纳式）过渡、问题式过渡、复述式过渡、提示式过渡、悬念式过渡。

【范例】活动：《渐渐变》（节选）

（讲台上放一台录音机，录音机里播放出悠扬的乐曲"蓝色多瑙河"，声音由小变大……）

师：小朋友，听听这乐曲是怎么变的？

幼：开始声音小，后面录音机音量开大了，声音就大了。

师：声音怎么大起来的？是一下子大起来的吗？

幼：是慢慢变大的。

师：现在我让乐曲声音由大变小，你们听听。

幼：声音由大变小了。

师：怎么变的？

幼：录音机拨那个，就由大变小了。（应该是，扭动录音旋钮，声音就由大变小了。）

幼：是慢慢变小的。

师：再听听由小变大是怎么变的。

幼：有那么一点声音，慢慢就大了。

师：慢慢变大，就是渐渐变大。再听，怎么变？

幼：渐渐变大。

师：听，怎么变？

幼：渐渐变小了。

师：对，声音可以渐渐变大，也可以渐渐变小。现在我们看看吹气小狗。（慢慢吹气，塑料小狗渐渐鼓起来。）

【点评】上述活动实录中，教师运用了过渡语，连接"由大变小""由小变大""渐渐变小"的声音变化，让幼儿感受"渐渐变"的含义。最后一句过渡语，使幼儿由声音的认识转向对其他事物（如吹气小狗）的认识，把认识向外扩展开来。这些过渡语紧贴在讲解语中，自然地连接一个个环节。从用语上说，它们有的用了疑问句，有的用了陈述句，有的用了祈使句，都简洁明确。

五、应变语

对幼儿园教师而言，在时间和内容上的应变调控都是教学机智的体现，是教师教学能力的综合体现。这就要求教师要做到以下几点。

首先，要让自己成为一个充满爱心的教师，对幼儿的爱与尊重是成功调控教学活动的一个重要条件。作为一名幼儿教师，带着一颗童心和爱心才会有细致入微的观察和发现，才会善于捕捉教育契机。在教育活动中，教师应尊重、启发、引导幼儿，从孩子的喜怒哀乐中感受到儿童心理世界的多姿多彩，把爱的阳光洒向每个孩子。

其次，教师要加强内在自身的学识与修养，包括教师的道德情操、思想品德、学术水平、知识积累等。正所谓"台上三分钟，台下十年功。"只有日积月累的知识沉淀，长期的教学探索，才能厚积薄发，在教学活动中得心应手，从容面对。

最后，要熟练掌握幼儿教师职业口语的主要类型及表达技巧，在教学活动中见机行事、灵活使用，以保证教学活动顺利进行。

在幼儿园教学活动过程中，常常会出现一些意想不到的情况，意外情况一般来自三个方面：一是来自教师自己，如疏忽遗漏等教学失误；二是来自教学对象（幼儿）方面的偶发事件，如幼儿突然提出一些偏离教学中心的问题；三是来自外界的意外变故。这就要求教师能够根据幼儿的接受能力及时、灵活地调整思路和语言，这就是应变语。应变语对教师有较高的要求。

（1）教师对活动的内容和目标要做到非常熟悉，心中有数，这样才能在突发情况出现时把思路理顺，尽量减少对正常活动的影响。

（2）遇到任何突发情况，幼儿都会反应兴奋，教师切不可惊慌失措或因为自己感觉下不来台而发脾气，责备孩子，这样可能会给教学带来不可收拾的局面，或使孩子在压抑的情绪和气氛中学习。

（3）应变语的技巧可以通过语气、语调、语速、重音的变化来实现，也可以调整句式，增加重音。化消极因素为积极因素，使所有的幼儿在教学活动中获益多多，快乐多多。

（4）教师还要注意培养自己思维敏捷，语言机智、灵活的应变能力，才能在突发情况下不仅不影响教学活动，还能利用这一时机为活动增色，吸引幼儿的兴趣。

有时可以将错就错，通过因势利导，收到意想不到的教学效果。如果遇到无法回答的问题，要实事求是地向孩子们作解释。常见的应变方法有：巧用情境法、"置若罔闻"法、将错就错法、幽默应对法等。

【示例】（中班）语言活动课时突发事件的处理

英语口语学习活动中，教师正在教"cook（公鸡）"这个单词，突然，胖胖怪腔怪调地问"英语里有没有母鸡？"顿时，孩子们哄堂大笑，正常的秩序被打乱了。面对这种情况，教师不动声色，仍然用平和的声调说:"有吧,而且还有小鸡这个单词。"接着他把这两个单词写在黑板上,带领幼儿齐读,很快就把大家的注意力引导到教学内容上来。调皮的胖胖感到自己的行为并未引起大家的注意,便感到很不好意思。然后,教师把话锋一转,"胖胖不错,不但想学会'公鸡'怎么读,还想知道'母鸡'这个词,现在全班同学都学会了两个单词,多好啊!不过,以后提问题应该注意你的语调。"

【点评】由于孩子天性调皮,总会在课堂上出现一些恶作剧的情况,而这位老师的处理就非常恰当,并没有当面呵斥他。而是处惊不乱,不动声色,用平和的语调、顺水推舟的方式,使这个"意外"变成了多学两个单词的契机,并使恶作剧的孩子感到了难为情,既保护了孩子的自尊心又暗示了他的错误,收到了很好的效果。

六、结束语(总结语)

结束语是教学过程中某一环节或教学活动结束时总结概括教学内容时采用的语言。结束语要求重点突出,精练简洁,表达时语速要放慢,让幼儿能边听边回顾,以达到更好的教学效果。总结语有讲解式、问答式、延伸拓展式等类型。

(1)归纳总结式结束语,即教师对活动的内容做出简单、概括的总结,这是最常用的结束语形式。

(2)指导活动式结束语,即以活动或游戏的方式总结、巩固教学内容,使幼儿在快乐中学习。

(3)画龙点睛式结束语,即教师在结束语中,把感性认识上升到理性认识,抓住重点,点出关键。

(4)延伸拓展式结束语,即教师在活动最后留下问题,引发幼儿思考。

在幼儿园教学活动中,教师常常将几种方法一起使用。

【示例】健康活动:怎样保护我们的大脑(大班)

师:小朋友们,我们刚刚讲过了如何保护我们的大脑,想要保护我们的大脑,首先要勤于用脑;其次,不要用脑过度;再次,要保证大脑的合理营养。最后,要保持乐观的情绪。

【分析】该示例采用了讲解式的总结语。

1. 根据提供的内容,设计导入语

(1)为了培养小班、中班的幼儿对颜色的兴趣,发挥他们的创造力和想象力,准备好颜料、水、白纸,教他们作画,请你设计一段导入语,激发幼儿的学习兴趣,导入画画的主题。

(2)假如你是大班的幼儿教师,想在春天来临的时候带小朋友们种树,培养他们热爱劳动的情感,让他们学习劳动技能,认识果子和种子,你该怎么说,以什么方式导入活动的主题呢?

2. 练一练:根据以下内容设计讲解语

(1)讲述活动《旅游》。

(2) 印象画——我的妈妈（中班）。

(3) "爬"的动作。

(4) 夏天的天气。

3. 为下面的情境设计应变语

(1) 观察公鸡时，教师正在引导幼儿观察公鸡的头部，突然公鸡扇动起翅膀来，幼儿立刻情绪高涨，注意力全部转移到公鸡的翅膀上了。

(2) 一个小朋友突然问一位未婚的女老师："你的宝宝是男孩还是女孩？"

4. 选择下面的活动，设计导语和结束语

(1) 有趣的鞋（小班）。

(2) 认识蜗牛（中班）。

(3) 学习诗歌《快乐六一》（大班）。

5. 参照下面的教案讲解：小班击鼓传花的游戏

小班游戏教案　击鼓传花

【游戏目标】

(1) 在活动中复习学过的知识。

(2) 通过传花训练幼儿的反应速度。

【游戏准备】小鼓一个、花球一朵、卡片若干（儿歌、拼音、数字）。

【游戏玩法】

(1) 教师把凳子围成一个大圈，让孩子们坐在一起，教师站在孩子们的中间。

(2) 教师在自己面前放好卡片和小鼓，把花球放到孩子们的手里。

(3) 游戏开始，教师击鼓，鼓声响起孩子们就要快速传动手中的花球，一次只能传给一个人，必须传到手里才能传往下一个人，循环传接。

(4) 鼓声停止，花球就要停止传动，花球停在谁的手中，谁就要抽取一张卡片，把内容读给大家听。如有读错的地方，教师要及时纠正。

【游戏规则】

(1) 要按照一个顺序进行传动，不可以传错方向。

(2) 鼓声停止，花球就不能再传动了。

(3) 传花球的时候要求每个人都必须传到，不可以跳传或者漏传。

(4) 在场的孩子们都是监督员，要互相监督伙伴。

(5) 违反游戏规则的也要抽取卡片读出内容。

【拓展活动】几个幼儿园常见问题的处理

当教师在集体教学活动、区域活动、生活活动、大型活动和人际沟通中遇到诸多突发的问题时，该怎么办呢？

(1) 你认为怎样才能组织好一节集体教学活动课？

活动前首先要充分熟悉教材，吃透每一个教学环节，挖掘其中的教育点，找准重点、难点。其次，制定适宜、适度、可行的目标。再次，教具准备是活动的前提。最后，教学环节的合理设计是关键。我们要精心设计好教学的每一个环节，做到心中有数，心中有儿童。

在集体教学活动中要面向全体，关注每个幼儿。对班里每个孩子都要做到一视同仁，不偏爱某人，也决不放弃每一个孩子。对能力偏弱的孩子，要给予更多的关心和耐心。在授课过程中，要激励每一个孩子，激活孩子的内在学习动力。还要及时调整备课环节，随机应变，及时掌控课堂内容，保证课堂的圆满进行。

活动后教师要及时反思，不断总结提高，做好每一堂课的反思，找出其中的不足之处，认真改进，还要听取其他老师的意见和建议。

(2) 假如你在当班时，有一个孩子的脸被另一个孩子抓伤了，你如何处理一系列的后续工作？

① 对于一些伤害极小的情况，比如皮肤蹭红了，教师要及时给予安慰。若伤害情况较为严重，教师要带孩子到医务室通过消毒、包扎、敷药等措施控制伤势。若伤势特别严重，教师必须立刻通知家长，同时护送孩子去医院就诊。在送医过程中，应与家长保持密切联系，一是及时告知孩子状况，二是征求家长意见，制订合理的行动方案。同时，教师也需对孩子进行心理辅导，减轻其焦虑与不安。

② 了解事件始末，思考沟通策略。在及时处理了孩子的伤情之后，教师需要充分了解事件发生的起因、经过，并对后续可能发生的情况有所预判。这样教师才能更好地使用一些策略去帮助家长了解问题，引导家长面对问题，协助家长解决问题。此外，教师在知晓原因、了解冲突的前提下，还要积极帮助孩子认识到问题，以促进其成长。

③ 理解家长，寻找可能的切入点，只有先接纳家长的情绪，才可以让家长感受到教师是和他站在一起的。教师需要对沟通过程做一些反思，梳理自己在沟通中的表现。总结和积累沟通经验，对不足之处进行修正。同时教师需要在后续工作中逐一履行对家长的承诺，以获得家长的支持和信任。

(3) 在你班里有个别孩子淘气，比如坐不住，爱跑到教室外面，总跟其他孩子打闹等，你怎样管理教育他们？

① 仔细观察孩子行为，找准问题的切入口，和家庭同步开展教育，以说理为主，用积极的鼓励帮助孩子慢慢改正错误。

② 培养幼儿良好的行为习惯。对幼儿自我控制力的培养，最初可以在生活习惯方面，帮助幼儿逐步学会评价自己的行为。

③ 培养孩子良好行为习惯时，成人要坚持说理，要让孩子知道"要这样做，不可那样做"的道理，让孩子用这些道理来评价判别自己的行为是对还是错，这样他就会以此来约束自己不做不该做的事情。

④ 充分发挥榜样的作用。幼儿善于模仿，易受感染。因此，成人可以充分利用文学艺术作品及现实生活中的良好榜样去影响孩子，引导他学习别人严格要求自己、克服困难的良好行为。

⑤ 在活动中对幼儿提出具体要求时，要不时地注意对他提醒、监督和暗示，在各种活动结束时，

还要对幼儿一天的表现加以评价，对好的加以肯定，对差的要耐心教，如果孩子基本上达到要求，就要加以鼓励。

(4) 新入园的孩子不吃不喝、不和小朋友玩，哭着找妈妈，你怎样让他的焦虑情绪平复下来？

① 教师带幼儿进一步参观幼儿园，告诉幼儿自己的班级、活动室、寝室、盥洗室，以及毛巾、水杯、饮水机等各在什么地方，从而消除其陌生感和恐惧感。

② 温暖的师爱给幼儿以安全感。师爱是教育之魂，是一种有效的教育手段和力量，是母爱的必要补充。幼儿对教师的态度情绪体验最敏感、最仔细，感受到师爱的幼儿心理上会得到极大的满足，表现出安全、幸福的情绪体验。如对大哭大闹、闷闷不乐的幼儿，给予和蔼的亲一亲、抱一抱；对不吃不喝的幼儿，耐心哄一哄、喂一喂……这样使幼儿感受到老师是可以依靠的亲人，她会像妈妈一样呵护自己，从而促使幼儿积极愉快地入园。

利用有趣的玩具和游戏吸引幼儿。

③ 玩是孩子的天性，玩能给孩子带来无限的快乐。三岁左右幼儿的注意力很容易受到外界环境的干扰，引起注意力的转移。根据这一特点，在每天早晨幼儿情绪波动最大时，可以向来园幼儿展示一些色彩鲜艳的布绒玩具、会跑的汽车、能叫的小狗等，吸引他们的注意力，使其恋家的情绪得到转移。教师还可以准备一些色彩鲜艳、安全卫生、美观形象的玩具，如数字积木、几何图形积木、拼图积木等。表现好的幼儿，分发一些诸如小星星、小红花的小礼物，激发幼儿喜欢、向往幼儿园的感情。让丰富多彩的活动每天都充实着幼儿的生活，使幼儿暂时忘记去想家。

(5) 当家长向你询问孩子今天表现怎样时，一般情况下，你会怎么说？

① 选择合适的时机、场地。

② 用平和的语气，委婉的态度，一分为二的观点与家长交流。

③ 语言得体，有分寸，称呼得当。先讲幼儿的优点再讲缺点。切记勿用告状式、教训式语气。尊重家长，真诚地与家长交流，细心听取家长的意见，学会换位思考。

(6) 当幼儿的兴趣与预设的活动不匹配时。

(7) 当活动突然受到外界干扰时。

(8) 当幼儿不理解材料的设计意图时。

(9) 当幼儿争抢玩具时。

(10) 当有陌生人来接孩子时。

(11) 当家长向教师送礼物时。

(12) 当搭班同事逃避自己的工作时。

第四节　个别化活动中的临场应变技巧

集体教学活动中的临场应变技巧具体如下。

（1）顺应与推动——当幼儿的兴趣与预设的活动不匹配时。

（2）等待与引导——当幼儿对材料的关注高于活动本身时。

（3）尊重与适宜回应——当幼儿的回答与问题缺乏相关时。

（4）榜样示范与降低难度——当幼儿参与活动缺乏信心时。

（5）提问与调位——当幼儿上课时聊得比教师还起劲时。

（6）保护与启发——当集体教学中有"超常"的幼儿时。

（7）观察与推动——当遇到"唱反调"的幼儿时。

（8）表扬与明确——当幼儿的作品与教师要求不一致时。

（9）鼓励与探究——当幼儿的科学实验操作失败时。

（10）随机生成——当活动突然受到外界干扰时。

（11）借助周围材料——当幼儿不能突破教学难点时。

（12）丰富和深化——当幼儿的活动兴趣点易转移时。

（13）探索与解读——当幼儿不理解材料的设计意图时。

（14）拆分与渐进——当幼儿在操作活动中缺乏毅力选择放弃时。

（15）观望与规定——当某一个活动区人数太多时。

（16）淡化矛盾与强化认识——当幼儿故意破坏时。

（17）引导与放手——当幼儿只关注某一个游戏区时。

（18）理解与启蒙——当自然角中的小动物突然死亡时。

（19）创新与完善——当幼儿厌倦游戏的玩法时。

（20）制止与自护——当体育游戏中幼儿做一些危险的尝试时。

（21）转移与轮流——当幼儿相互争抢玩具时。

（22）了解与移情——当幼儿干扰同伴的游戏时。

（23）倾听与帮助——当幼儿被同伴拒绝时。

（24）沟通与陪伴——当幼儿游离在游戏之外（独自游戏）时。

（25）认可与支持——当幼儿生成新的角色游戏主题时。

（26）协助选择——当幼儿出现选择性困难时。

（27）平静与移情——当幼儿说脏话时。

（28）寻找与安抚——当刚入园的幼儿试图逃园时。

（29）宽容与引导——当幼儿打翻饭菜时。

（30）示范与说服——当幼儿不爱喝水时。

（31）挖掘与开发——当幼儿因天冷不愿意洗手或者洗手爱玩水时。

（32）保护与引导——当幼儿"偷"别人东西时。

（33）让食物"投其所好"——当幼儿挑食时。

（34）接纳与信任——当幼儿午睡说话时。

（35）宽容与保护隐私——当幼儿午睡尿床时。

(36) 机警与确认——当有陌生人来接幼儿时。

(37) 安顿与寻找——当发现有幼儿丢失时。

(38) 给幼儿布置任务——当幼儿离园格外兴奋时。

第五节 双语教学

一、关于双语教学的缘起

双语在我国最初主要是指汉语和少数民族的语言或某一种外语。但是，如今人们所讲的双语教学，主要是指在同一教育体系中，同时使用汉语和英语两种语言进行教学，并利用这两种语言学习其他知识。实际上双语教学只是一种语言教学模式和语言学习的方法，最终使学习者能同时使用汉语和英语进行思考，能熟练地在两种语言之间根据交际对象和环境的需要进行自由的切换。

幼儿双语教学，就是对幼儿进行汉语和外语两种语言的训练，旨在培养幼儿听说双语的兴趣，促进幼儿认知、记忆、想象等认知能力的协调发展。"双语"只在特定情况下存在，也就是只有当汉语以外的某种语言在某一特定的环境中与汉语同时成为交流用的语言时才可称之为"双语"。

我国幼儿园开展的英语教学是从满足现代社会对人才的素质要求出发，遵循幼儿身心发展的特点和语言发展的规律，在学好汉语的基础上，进行以英语为第二语言的启蒙教育；是以汉语、英语两种语言为教学媒介，组织开展幼儿园一日生活活动，从而促进幼儿认知、记忆、想象等能力的协调发展，并使幼儿了解异域文化，为今后双语发展打下基础；激发他们对英语的兴趣，提高幼儿的英语能力，最终促使他们逐步学会使用两种语言与人交往，促进幼儿身心的全面发展。

二、幼儿园开展双语教学的可行性及意义

（一）可行性

首先，幼儿具有学习外语的生理优势，6岁以前是幼儿语言学习的最佳时期。美国康奈尔大学的研究机构指出，成人学习外语时，使用的大脑部分与儿童有明显的不同。导致成人掌握外语的速度远远没有儿童快，这是因为大脑中负责学习语言的部位"布罗卡斯区"在人的幼年时期十分发达灵敏，人的母语即储存在该区。成人学习外语时只能在大脑的另一部位重新建立记忆结构，新的记忆结构没有"布罗卡斯区"灵敏，在使用时还需要与"布罗卡斯区"建立联系。这样通过间接方式来学习，无疑会大大增加学习难度。因此，成年人学外语的速度慢，也没有幼儿掌握得牢固。可见，学习第二种语言要在幼儿期进行，错过这个时期，学习语言所需要的灵活性就会丧失。这一研究结果

充分说明了幼儿早期学习外语是有其生理优势的。

其次，幼儿具有对第二语言语音语调学习敏感性的优势。6岁前，幼儿对声音的敏感度极高，且右脑控制发音器官的能力较强，声带、舌唇等运动神经的调解也具有很大的可逆性。这时练习会话，更容易掌握发音的技巧。随着年龄的增长，这种能力会逐步下降，给外语学习带来一定困难。6岁前，儿童开始学习第二语言，不仅在发音方面有极大的优势，同时在听音方面也极具优势。幼儿学发音除了比成年人准而快以外，幼儿还没有形成像成人那样的固执排他性。幼儿愿意接受老师的指导，如遇发音不准，一经教师指出，幼儿随之便改，当逐渐接近准确之音时，教师继续指导并加以表扬鼓励，幼儿便能迅速模仿直至准确。6岁前开始学习第二语言，大多数儿童可以掌握地道的"字正腔圆"的英语正宗音。

再次，幼儿具有学习外语的心理优势。这是成人所不具备的优势。例如，由于幼儿不担心考试，也没有分数的压力，他们可以在宽松愉快的学习环境中没有压力地"玩"着学，在"玩"中学，而且幼儿不怕羞，不怕错，即使讲错了，也不怕旁人讥笑。6岁前的幼儿天真活泼，勇于模仿，直率大胆，敢于并善于在众人面前大胆地进行语言实践，也不怕犯错出丑，很少发现幼儿会因为出错而产生心理压力。又如，幼儿并不急于增加词汇量，因此他们有更多的机会来练习说话，而且，儿童都是天生的语言学家，一旦他们学语言的积极性被激发出来，那么潜力很快就会表现出来，因此，抓住关键时期对孩子进行英语教育会起到事半功倍的效果。

最后，双语教学可以加大幼儿语言训练的分量，特别是培养幼儿倾听、倾诉的兴趣和习惯，激发说话的积极性，还可以促进幼儿认知、记忆、想象等能力的协调发展，培养活泼开朗的性格，激发人际交往的积极性，推动幼儿的持续发展。英国、美国、加拿大等国的一些科学家经过研究后发现，掌握两种或两种以上语言的人，他们思维的流畅性、灵活性、创新性和精心推敲事物的能力明显优于掌握一种语言的人。抓住6岁前这一敏感期对幼儿进行双语教育，让幼儿在幼儿园通过灵活多样的教育方式接触英语，从而形成对英语的积极态度，无疑为日后进一步学习语言奠定了良好的基础。

以上种种理论与实践证明，在幼儿期实施双语教育是可行的，是毋庸置疑的。

(二) 意义

在幼儿园开展双语教学是社会对未来人才的要求。在经济全球化的21世纪，随着国际之间的合作与交流日益频繁，学习英语的重要性日益明显。这种全球一体化的趋势对高素质人才的培养提出了新的要求。英语作为世界交流通用的语言，越来越突显出它的重要价值，英语成为现代人参与社会竞争所需的最基本能力，越发受到社会的广泛重视。

现在的幼儿是21世纪现代化建设的生力军，因此，对幼儿实施双语教育也是教育面向世界、面向未来的一项具体措施。在幼儿园开展双语教育已经成为强烈的时代要求，是当今幼教改革的趋势。幼儿园作为基础教育践行的单位，必须承担起这一责无旁贷的历史责任。在我国，其教育研究和实践已在较大范围内开展起来，并取得了一定的成绩。

三、正确处理第二语言教学和母语学习的关系

（一）幼儿园英语教学目标

要正确处理第二语言教学和母语学习的关系，首先要明确幼儿园英语教学目标。《幼儿园纲要》中明确指出，幼儿园对幼儿实施体、智、德、美全面发展的教育，促进其身体和谐发展，幼儿园的各项工作都应围绕此任务而进行。英语教学的目的应服从于幼儿教育的总目标，即对幼儿进行语言方面的素质教育。幼儿园开展英语教学，不能以学了多少来衡量，幼儿英语教育更确切地来说，应该是在幼儿园中开展英语兴趣活动。幼儿园英语兴趣活动不只是教幼儿认识几个单词，学几句课堂用语或学一些与英语口语有关的知识性的东西，也不仅仅是让幼儿会唱几首英语歌或表演几个舞蹈。教学目标应立足于幼儿年龄的特点，切合幼儿实际。幼儿园双语教学应注重口语培养，以眼睛看、脑子记、耳朵听、嘴巴说为主，坚持看、记、听、说相结合，坚持自然学得的教学原则，培养幼儿学习的兴趣和对语言的敏感性，培养幼儿初步使用两种语言进行交际的能力，最终实现双语教学与幼儿生活一体化，才能真正达到双语教育的目标，为培养一个"全球人"和"国际人"打基础。

幼儿园英语教学的目标是培养幼儿学习英语的兴趣、英语语感和初步使用英语进行简单日常交流的能力，为进一步的学习打下基础。

幼儿园英语教学目标具体如下。

第一，培养幼儿对英语发音和英语活动的兴趣，激发他们学习和运用英语进行简单口语交往的兴趣。

第二，使幼儿掌握与日常生活有关的基本英语表述，培养幼儿对英语语言结构的敏感性。

第三，发展幼儿学习与日常生活有关的基本英语表述，培养幼儿对运用英语进行日常交往最初级的口语技能。

第四，使幼儿通过英语活动扩大视野，初步了解英语国家的一些文化背景知识，逐步培养他们对英语文化价值观念的开放态度，为他们最终产生对英汉两种语言文化的认同打下基础。

（二）正确处理汉语学习和英语学习的关系

1. 汉语为本，双语并进

语言是人类最易习得的知识技能之一，一般儿童都能学会母语。如果不是这样，人类就不会选择语言作为人类的交际工具。儿童语言是在母语文化环境中自然发展起来的，儿童从出生起就被本民族的语言所包围。母语的学习始于婴儿的"呀呀学语"，其动机是"内在的""本能的""自发的"，与人类最原始的生存、最基本的需要联系在一起。而第二语言的学习动机至少在开始是"外来的"，以后与"赢得兴趣认同"和"赞扬"、"成功"联系在一起。

幼儿园双语教学，应定位在母语为基础，英语为特色。首先应发展幼儿母语，必须以发展汉语为本，从而促进幼儿认知能力的发展，并将之作为幼儿学习英语的基础。因为汉语具有重要的中介作用，她可以为幼儿学习英语提供相关的背景知识，有助于幼儿准确理解英语的信息输入。汉语教

育要重于英语教育,因为汉语发展水平的高低直接决定着英语的发展水平,同时汉语能够为幼儿学习英语提供安全感,减少他们因为害怕学不好而产生某些顾虑,从情感上保证幼儿学好英语。

要使幼儿在学习汉语的同时又轻松地学习英语,必须做到以下两个方面。

(1) 夯实汉语基础。

幼儿刚来园时,对幼儿园存在陌生感,对教师的语言不习惯,很容易造成一些心理上的负担。教师应先鼓励幼儿听懂汉语,以学习、训练汉语为主,使他们逐渐适应幼儿园的生活。应做到生活环节儿歌化,游戏活动形象化,学习活动游戏化,这样便可大大提高幼儿学习汉语的兴趣。同时在汉语的学习中,注重听说能力的培养,以听为先,以听促说,使幼儿较顺利地渡过汉语关。

(2) 适时介入双语,引发幼儿学习兴趣。

双语教学要尊重幼儿身心发展的规律和学习特点,合理地分配双语教育的比例,以习得为主、学得为辅的办法实施双语教学。在小班的第二学期,可适当运用情境,穿插一些与周围生活密切相关的英语内容,侧重于培养幼儿学习英语的兴趣及听力水平,激发幼儿对英语的好奇心,激发幼儿参与英语活动的积极性。

进入中班以后,进一步加强汉语的训练,使幼儿能较熟练地掌握汉语,愿意用语言表达自己的想法。在此基础上,安排一些较正规的英语学习。此时的英语学习,是让孩子们在一定的环境中自然习得,让他们学得开心,学得自然。同时增加字母的学习,着重培养幼儿正确发音,掌握常用单词,进行简单对话,为以后的英语阅读打下良好的基础。在此阶段的双语学习中,教师应重点把好幼儿的兴趣关、开口关和应用关,让幼儿能够敢于开口说,还能饶有兴趣地说,并且能够运用双语进行初步的交往,提高运用能力。

到了大班,幼儿能用汉语进行交往,能用连贯完整的语言进行表达和表现,运用语言的能力与日俱增。在英语学习上,幼儿教师应进一步激发幼儿的学习兴趣,注重培养幼儿学习和运用英语的基本能力和技能,掌握与日常生活有关的最基本的英语表述。安排大量的情景交际的英语对话,以增加英语的实用性,使英语成为幼儿交际的第二语言,让幼儿用双语学会交往;在母语阅读的基础上,增加一些幼儿英语阅读的内容,从母语、英语两方面培养幼儿的阅读兴趣;幼儿通过学习,可以掌握丰富的词汇和日常英语,从而了解中国文化与西方文化的差异,感受两种语言各自的文化特点。

2. 认知发展,经验共享

在语言学习的过程中,幼儿是利用已有的经验来习得语言。语言的学习同时又促进了认知水平的提高。在语言学习活动内容的选择上,幼儿教师应注意选择那些符合幼儿的年龄特点,适合幼儿的认知水平,符合幼儿的能力、需要和兴趣,与幼儿已有的生活和学习经验产生一定的联系的内容。从幼儿双语学习的内容上可以分成两类:一类是熟悉的、已基本掌握的,这样,既强化了他们已知的母语,又加深了对英语内容的理解;另一类是幼儿比较陌生的、刚接触但尚未掌握的。这部分需要教师丰富幼儿的经验。直观的教具(图片、实物等)及教师的表情、动作等,使语言符号形象化,这样,有助于幼儿对两种语言的理解和记忆,促进认知水平的提高。幼儿园进行双语教学时,应注重幼儿的认知经验,使经验成为两种语言的纽带和载体。例如,在学习动物单词时,就应借助幼儿对动物认识的经验，配上图片、实物以及教师的肢体语言，幼儿就能一下子了解这一单词的意思。

3. 内容协调，综合渗透

在幼儿的双语教学中，必须做到内容的相互协调，不能顾此失彼，坚持母语为基础，英语为特色，使幼儿得到全面和谐的发展。为此，应以主题活动为线索，力求做到将母语与英语的内容相统一，使语言与其他各科的内容相协调。汉语、英语语言特征相差较大，英语不可能像汉语那样在不知不觉中自然地生成，而是一种人为的学习过程。若想取得理想的效果，就要求幼儿拥有所学语种自然的语言环境，即创设外语的环境。

四、幼儿园第二语言教学的基本要求

（一）幼儿教师的语言应具有示范性

高水平的师资配置是高质量的幼儿双语教育的保证。教师在幼儿园英语教学中主导作用的发挥，不仅依赖于教师的幼教专业知识与技能，而且还受制于教师的英语基础知识、技能。教师必须熟练地掌握日常英语、日常礼貌用语、课堂用语、课间用语、入园离园用语、游戏用语、进餐用语、午休用语、卫生用语、时间用语、气候用语等。教师要把掌握标准的语音、语调、会话能力放在首要位置。教师外语能力强是保证第二语言教学工作顺利进行的关键。因为幼儿学习语言主要通过模仿，由于年龄小，听觉敏锐，幼儿具有很强的模仿力和领悟力，因此，幼儿园老师的语言就像是一面镜子，教师的文化、语言素养和基本功等，都是幼儿模仿的内容。教师的一言一行对幼儿产生重要的影响，教师的口语质量直接影响着幼儿的口语质量。可见，教师的素质是幼儿园实施英语教学非常关键的因素，是英语教学获得成功的保障。这就要求幼儿教师不断提高自己的语言素养，做到语音准确、语调标准、用词规范、词汇丰富，且富有表现力。否则，幼儿先入为主，如果没有掌握正确的发音，日后再做纠正发音的补偿教育势必带来极大的麻烦，只会起到事倍功半的效果。

（二）幼儿园要创设良好的双语环境，营造学习氛围，培养幼儿学习兴趣

语言必须在一定的环境中经过长期练习而获得。缺乏一定的情境，学习语言就会十分困难。试想，如果儿童从来没有听过人类的声音，没有良好的语言环境，一定会像"狼孩"那样永远不会说话。

双语环境的创设是幼儿园开展双语教学的重要保证。在幼教领域影响较大的蒙特梭利方法的一大特点就是重视幼儿的感官（或称感觉）训练和智力的培养。为幼儿创设良好的双语环境（视觉环境和听觉环境）有利于幼儿的感官训练和心智培养。蒙特梭利认为：教育体系的根本特征是对环境的强调。因此可以在幼儿活动室里粘贴一些标有双语的图画，摆放一些标有双语的玩具和实物模型，让儿童时时感受到这种视觉刺激。

1. 创造生动活泼的学习环境

在幼儿活动室的布置上下功夫。比如，在一列长长的火车上坐了许多小动物，在记名字（例如猫、狗、猪、鸡的英文名字等）的活动中，充满愉快、和谐、融洽的氛围。利用幼儿的好奇心，引

导幼儿去想、去了解小动物的英文名字是什么，然后再慢慢教，一天教会一个名字，小朋友认识了一个又一个，每天兴趣不减。

2. 精心设计活动方案，充分调动幼儿学英语的积极性

根据幼儿年龄特点，在设计活动方案时，通过各种途径创设与教学有关的活动，使幼儿感到新奇、有趣，符合幼儿心理发展的需要，以及幼儿万事总想尝一尝、试一试、摸一摸、看一看的特点，把教育目标转化为一种轻松愉快的教学活动，寓教于乐，以着重开发幼儿的思维能力，培养学习兴趣为目标，使幼儿在丰富、具体、鲜明、有趣的活动中，产生跃跃欲试的意识。例如，学习"天上飞的什么"，先让幼儿欣赏一幅色彩逼真的画面，有鸟、飞机等，为随后的学习创设良好的环境。再吸引幼儿注意学习鸟的英文名字、飞机的英文名字。

幼儿正处于语言发展的敏感期，如果不能及时开展相关的语言教学活动，或者说缺乏适宜的环境，儿童就将永远失去这个自然取胜的机会。

为了使双语教育处于协调状态，从而丰富幼儿多种语言经验，促进幼儿汉语、英语倾听、欣赏、识记、表达与表现能力协调发展，进而优化幼儿的整体素质。我们在语言学习活动内容的选择上，应注意使这些内容符合幼儿的年龄特点，适合幼儿的认知水平，符合幼儿的能力、需要和兴趣，与幼儿已有的生活和学习经验产生一定的联系。在对幼儿进行双语教育时，应注重幼儿的认知经验，使经验成为两种语言学习的纽带和载体。例如，在学习动物单词时，我们就借助幼儿对动物认识的经验，配上图片、实物以及教师的肢体语言，幼儿就能一下子了解这一单词的意思，并不需要教师刻意的翻译。我们以主题为线索，力求做到将母语与英语的内容相统一，使语言与其他各科的内容相协调。

3. 创设情境，发挥潜能

实践证明，给幼儿创设成功的机会，体验成功的愉悦，就能大大提高幼儿的学习兴趣，使他们满怀热情地投入学习中来。因此在教学中，对不同的幼儿提出不同的教学目标，要考虑孩子的差异性，力求使全体幼儿的学习都获得成功。

给幼儿创设良好的环境，通过调整幼儿园教学环境和家园联手，达到一致的教育目标，进一步了解幼儿的种种需求，如在学习中渴求朋友，渴求赏识，渴求肯定，渴求表扬，渴求平等，孩子的需求得到满足，学习兴趣会更浓厚。

（三）英语教学应贯穿于幼儿园一日常规活动的各个环节中

一日活动是幼儿在园生活的全部，在一日活动中提供幼儿双语练习的机会，对幼儿更好地掌握运用双语有着重要的作用。

教师应把双语融于一日活动之中，例如，在来园活动、点名、自由活动、午餐、午睡等过程中，都渗入双语，为幼儿创设一个良好的听说环境。教师还应利用游戏活动，让幼儿在"玩玩、学学、说说、练练"中学习双语知识，同时把学过的知识反馈到游戏中去。我们在开展幼儿双语教育的同时，应把双语教学活动辐射到其他领域中，如：计算、体育、科技、音乐、美术等，让幼儿在看一看、问一问、试一试、做一做、唱一唱、跳一跳、数一数、画一画等活动中发展智力和创新能力，进一步开发幼儿学习语言的潜能。

可见，将英语应用渗透到一日活动中，在一日活动中给幼儿更多的听、说练习的机会，确实可以达到巩固、复习的目的，只有这样，才能最终实现真正的双语教育。

(四) 教师应选用恰当的英语教学方法

俗话说，兴趣是最好的老师。幼儿园英语是一种启蒙，要把重点放在学习英语的兴趣上，如果幼儿对英语感兴趣，他们在学习英语的过程中就会表现出一种积极的情绪，也会主动地融入活动中。反之，一味追求单词、句子数量的多少，那样会让他们失去学习的兴趣，使其处于一种消极的厌学状态中。

要使幼儿的英语学习取得成效，关键是要有正确的教学方法。在幼儿英语学习中，我们反对"成人式"的英语教学，而主张以环境熏陶、无意识记忆为主的"横式化"教学。选择什么样的方法，要以幼儿身心规律为依据，比如幼儿期，儿童的注意力不易集中，容易分散，那么教师应善于运用多种方法吸引孩子的注意力，如采用做游戏、听歌曲、讲故事等方法，让幼儿融入其中进而启发他们的学习兴趣。

1. 游戏教学法

"以游戏为基本活动，寓教育于各项活动中"是《幼儿园工作规程》中的一个基本思想。喜欢游戏是孩子们的天性，游戏是幼儿最喜欢的形式之一。结合幼儿天性好动的特点，幼儿园教师就要把一些枯燥的内容融入游戏中，以游戏的形式组织英语活动，让幼儿以动作、表情和语言等多种形式参与，使他们在动脑、动手、动口，情趣盎然的游戏中感受英语、应用英语，在不知不觉中掌握知识。例如："老狼，老狼几点了？"这个游戏是幼儿熟悉并喜爱的，在活动中改用英语让幼儿玩"what time is it, wolf？"的游戏，由参与游戏的幼儿问"老狼，老狼几点了？"（"what time is it, wolf？"）扮演狼的幼儿从1点说到12点，当说到"it is dark"时，狼开始转身追逐幼儿。在游戏中幼儿轻松地学到"现在几点了？"这一日常生活中的常用句式"what time is it"，并牢牢记住数字1~12的英文字母。

2. 故事教学法

故事对学龄前幼儿具有极大的吸引力，它以情节生动、具体形象、富有趣味性的特点，征服了每个孩子。教师将枯燥的单词和短语用短小的句子组成英语故事，通过汉语、英语相结合的方式讲故事，让幼儿模仿学习短句，练习口语表达等，调动孩子的积极性。幼儿在听、看、讲故事的过程中注意力集中起来，并能在和谐的气氛中增进学习意识，提高学习兴趣，轻松自然地学会英语。

3. 儿歌教学法

教学过程中插入一些朗朗上口的英文字母，幼儿非常容易记住。儿歌简单易学，极易吸引幼儿的注意力，再加上其内容大都可以配合手指及肢体运动，不仅有趣味，更符合孩子好动爱玩的心理。根据各年龄段的特点，可以适当选择适合他们的儿歌。

4. 动作教学法

动作教学法是幼儿运用多种感觉器官参与活动。用耳听、用眼看、用鼻子闻、用手摸，让幼儿在看看、听听、闻闻、摸摸、想想、玩玩的过程中学习英语。

5. 录像教学法

根据幼儿喜欢看电影这个爱好，利用电视、电脑等现代媒体辅助教学，给幼儿以生动、形象、逼真的感官刺激，进行看、听、说的活动，使幼儿满怀浓厚的情趣去接触语言符号，接受英语教育，从而达到学习的目的。幼儿在室内自由活动时，可放一些欢快简单的儿童英文歌曲、对话，让幼儿边玩边听，不占用幼儿任何活动时间，幼儿在反复听的过程中，学习了语音语调，建立了语感。当然，可播放学过的，也可播放没学过的，幼儿听多了，脑子里自然有了深刻的记忆，一旦学到就有似曾相识的感觉，掌握起来也就觉得非常容易。还可安排英语电脑操作，提供给幼儿一种身临其境的语言环境，利用电脑的可控性、可重复性，让幼儿在画面与音乐、情景与对话的共同作用下，轻松地学习英语。

6. 表演教学法

教师可根据教学内容为幼儿编成短小的情景剧，让幼儿进行角色表演，幼儿通过表情、动作来理解和表达所学的内容。表演还可以是模仿某种动物的叫声或某种动作，也可以模仿日常生活中的某种行为。

7. 音乐教学法

音乐没有国界，没有人能拒绝音乐的魅力。听到音乐，孩子们会流露出快乐的表情；听到音乐，孩子们会不由自主地手舞足蹈；听到音乐，孩子们会情不自禁地模仿学唱。以音乐为中介，让孩子们感受到学习英语并不难，英语是完全可以唱会的。比如：A、B、C、D、E、F、G……让幼儿了解英文有 26 个字母，学会 26 个字母的发音和写法，hello, good morning to you! 让幼儿在歌声中迅速知道了如何用英语互相问候；ten little indians，让幼儿学会了英文数字的表达。

总之，英语教学必须遵循幼儿语言学习的规律，注重幼儿为主体，教师为主导的原则，并开展具有针对性、趣味性的英语教学活动，让幼儿真正积极地参与到活泼、生动的英语学习中来，体会到学习的快乐。

（五）教师应遵循的原则

作为教师，无论选用何种教学方法都应遵循以下原则。

1. 英语性

幼儿学习语言遵循着"听—说—读"的顺序。他们的语言发展是从学习听话和说话，尤其是听话开始的。因此教师在游戏中应尽可能使用英语（必要时可配以动作示范），使幼儿在其中充分获得练习听英语的机会，然后鼓励幼儿大胆地用英语配以动作、表情等体态语表达自己的感受。对于刚刚接触英语的小班幼儿，教师可适当配以中文说明，便于幼儿理解和掌握。待幼儿逐渐熟悉活动后，再以纯英语来组织活动。

2. 简明性

由于幼儿理解力水平太低，加之对英语单词量的掌握较少，所以活动规则过于复杂时，会导致幼儿不能理解活动规则，进而不能正确掌握活动规则，无法进行活动。所以，制定的活动规则要简单明了。

3. 适宜性

所谓适宜性，包含两方面含义：一是要根据教学内容选取适宜的活动；二是活动的难易程度要符合幼儿的能力水平。只有活动难易程度适宜，幼儿才能从中获得成功，才能对活动产生兴趣，也才会积极主动地参与活动。若活动过难或过易，幼儿可能或畏难或轻视，不愿参与，导致教学失败。

4. 公平性

在活动过程中，教师往往注意那些对英语掌握较好的、学习水平较高的幼儿，他们参加活动获得表扬的机会比其他幼儿多。而那些性格内向、语言能力较差的幼儿习惯于当观众，失去了学习英语的热情与信心。因此，教师在组织活动的过程中，要多关注那些性格内向、语言能力较差的幼儿，多给他们参与的机会，及时做出鼓励、表扬，使全体幼儿共同进步。

幼儿英语日常用语

晨间活动（Morning Activities）

Good morning. 早上好。

Good afternoon. 下午好！

Hello, everyone! 大家好！

How are you! 你好！

Nice to see you. 很高兴见到你。

Nice to see you, too. 见到你我也很高兴。

Glad to meet (see) you. 很高兴见到你。

Say good bye to your mommy/daddy/grandpa/grandma。请跟妈妈/爸爸/爷爷/奶奶说再见。

I love you! 我爱你！　　Me too. 我也是。

How are you? 你好吗？

I am fine, thank you. 谢谢，我很好。

Come in please. 请进。

How do you do? 你好！

I miss you baby. 宝贝，我很想你。

第五章 教育口语训练

第一节 教育口语的原则要求

《幼儿园工作规程》总则第三条中提出:"幼儿园的任务是实行保育与教育相结合的原则,对幼儿实施体、智、德、美诸方面发展的教育,促进其身心和谐发展。"第五条明确了幼儿园保育和教育的主要目标:"萌发幼儿爱家乡、爱祖国、爱集体、爱劳动、爱科学的情感,培养诚实、自信、好问、友爱、勇敢、爱护公物、克服困难、讲礼貌、守纪律等良好的品德行为和习惯,以及活泼开朗的性格。培养幼儿初步的感受美和表现美的情趣和能力。"同时,强调了幼儿园教育工作的原则是:"体、智、德、美诸方面教育应相互渗透,有机结合。遵循幼儿身心发展的规律,符合幼儿的年龄特点,注重个体差异,因人施教,引导幼儿个性健康发展。"

上述要求决定了教师教育口语应从促进幼儿身心发展出发,让幼儿体会或感受情感,将教育内容贯穿于幼儿日常生活和各种教学活动之中。这就要求教师要有高超、纯熟的语言技巧,善于捕捉幼儿细微的情感、情绪变化,见机进行教育。在对幼儿进行教育的过程中,不能只靠单纯的说教,要将德育因素融入日常生活和各种教学活动,渗透在幼儿游戏、学习、劳动、娱乐的各个过程之中,渗透在幼儿与同伴以及与成年人的各种交往关系之中。这种渗透应遵循以下四项原则。

一、民主性原则

《幼儿园教育指导纲要》(试行)明确要求:"创造一个自由、宽松的语言交往环境,支持、鼓励、吸引幼儿与教师、同伴或其他人交谈,体验语言交流的乐趣。"同时指出:"建立良好的师生、同伴关系,让幼儿在集体生活中感到温暖,心情愉快,形成安全感、信赖感。"因此,在教育的过程中应营造民主的谈话氛围,鼓励幼儿大胆表达,促进幼儿语言的学习和发展,同时将道德观、价值观、人生观等教育内容蕴含其中,就可以让幼儿在轻松、没有压力的环境中受到潜移默化、润物细无声般的启迪。

贯彻民主性原则,要求教师首先要热爱和尊重幼儿,通过语言或非语言的方式关爱、尊重、理解、接纳和支持幼儿,教师应以商量的口吻和讨论的方式指导幼儿的活动,支持幼儿的求异和探索,理解幼儿的稚拙、失误,并帮助幼儿积极主动地战胜困难,从而培养幼儿的独立性和自信心。所以,教师应经常说"你好""请""没关系""能不能?""让我们一起来好吗?""你说应该怎样呢?""你来试试看，如果需要什么帮助就和老师说""你想玩什么？那你就去吧！"等，不能习惯于用"要这样做""那不行""不许""不能"等。

其次，教师应学会倾听幼儿的心声。倾听是一种理解、尊重、接纳和期待，并不只是给幼儿一个表达的机会。幼儿教师应关注幼儿，学会倾听，赢得幼儿的好感和信任，也为幼儿学会尊重他人提供了示范和榜样。

例如，有两个大班的幼儿，午饭后悄悄地交谈着，讲者绘声绘色，听者止不住发出了笑声，打破了午睡前的宁静，粗心的教师一定会以破坏纪律而批评他们，一位民主型教师却是这样处理的：她轻轻地走过去把他们带到室外询问，幼儿回答："我们在讲一个故事，是从电视里看到的。有一个小朋友把肥皂粉当作芝麻糊吃下去了，（嘴）一张一个肥皂泡，一张一个肥皂泡，还有一个小朋友把肥皂泡当发糕在嘴里咬，也是一张一个肥皂泡，一张一个肥皂泡。"这位老师鼓励了他们的表达热情，同时又向他们建议，以后最好在别的时间讲，以免影响午睡，他俩愉快地接受了。这位教师遵循了教育规律，既鼓励了幼儿互相交谈见闻，讨论对问题的看法，又让幼儿愉快地接受建议，学会遵守纪律。

此外，幼儿教师要密切联系幼儿的生活经验，以幼儿感兴趣的事物为切入点，激发、支持和引导幼儿语言表达的意愿，让幼儿有话说，激发幼儿的主观能动性。

二、肯定性原则

美国教育家把成功教育幼儿的奥秘概括为"信任幼儿"四个字。我国教育家陶行知先生也说，"相信儿童，解放儿童""人人都说小孩小，谁知人小心不小，你若小看小孩子，便比小孩还要小"。这都说明了幼儿教育的真谛，即尊重孩子，相信孩子，肯定孩子。教师对幼儿的肯定，不仅让幼儿体验到教师的理解、尊重与接纳，而且还感受到教师对自身发展潜力的肯定，非常有助于儿童形成积极的自我意识，能更主动地内化教育要求，不断进行自我完善。

肯定性原则体现了教师对幼儿的尊重，对生命的尊重。所以，幼儿教师要树立正确的儿童观和教育观。善于发现幼儿身上的闪光点，巩固和发扬幼儿的优点，纠正幼儿的缺点，提高教育的质量。

同时，对幼儿的肯定要把握好时机，不同的幼儿有不同的要求，不同的幼儿有不同的优缺点，对他们的要求不能整齐划一，这样才能让幼儿的兴趣得到充分的发展，要注意多对幼儿的主观努力给予肯定；肯定还应有理有据，切忌笼统地表扬幼儿，一味地肯定容易让幼儿产生盲目自大的心理，所以，应注意把肯定教育与其他的教育方式相结合，以促进幼儿的全面发展。

在教育的过程中，教师充分肯定幼儿的优点，对培养幼儿的自信心有极大的帮助。自信心是人对自身价值和能力的充分认识和评价，是激励个体自强不息地实现理想的内在动力。幼儿是非观念模糊，不会正确认识自己，只能通过成人的评价了解自己。在教育教学活动中，教师有意识地加强对幼儿自信心的培养至关重要。教师的肯定能使孩子更加乐观自信；使孩子不怕挫折勇往直前；能够激发孩子的潜能，增强自信，更积极地参与各项活动。

三、浅显性原则

幼儿思维的具体形象性特点决定了他们更容易理解和接受直观、生动、具体、浅显的教育影响，特别是对观念的感知和理解，更需要借助于形象。因此，幼儿教师必须善于运用语言创造直观形象，帮助幼儿理解和感知各种抽象的事物、词语、概念。

有这样一个故事：公园里一个孩子攀折幼树的枝条，孙敬修老先生靠近树干贴耳细听，小孩问他为什么，他说："小树说，痛死我啦！"这个孩子不好意思地哭了。语言浅显，没有说教，但孩子的心灵却受到了巨大的震撼。这就是艺术性的教育方式的魅力。

四、针对性原则

"一个孩子一个样，每个孩子不一样"，幼儿教师所运用的教育语言应当因人而异，因学习内容而异，因时间变化而异，这是针对性原则的要求。

首先，应针对不同年龄阶段的幼儿使用不同的教育口语。小班的幼儿在教育时，就应该多使用短小的语句，语气夸张，语速较慢，富有感情色彩；中班的幼儿可以变化句式，让表达的内容更丰富，减少重复的次数；大班的幼儿则可以增加些幼儿能理解的抽象概念，可以使用复句，语言表达更简洁。

其次，应针对不同性格特征的幼儿使用不同的教育口语。如对性格内向的幼儿要多鼓励少批评，语气亲切，语调柔和。多用肯定性的评价帮助他们树立自信，不在公共场合讥讽或打击他们。对性格外向活泼多动的幼儿，可以降低声调，具体明确地进行教育，抓住问题的核心对症下药。

在日常生活中，有针对性的提问、机智的点拨和诱发幼儿联想等都是教师启发幼儿主动、大胆地探索外部世界，构建自己的知识和经验体系的重要方式。

第二节 教育口语的分类训练

教师的教育口语应适应各种类型的幼儿。因为即使是处于同一年龄阶段的幼儿，由于其个性、气质、家庭生活背景等方面的不同，他们在接受、获取知识等方面的可接受性也不同。教师教育口语的选择和运用，应当选定在以幼儿现有语言接受能力为起点，并能够促进幼儿语言的提高和语言思维发展的范围之内。针对幼儿个体之间存在的差异，教师的语言就不能千篇一律。

【范例分析】

以下是某幼儿园中班，两个实习生关于孩子情况的谈话。

学生A：你觉得你们班上的孩子怎么样？

学生B：这个班，孩子喜欢绘画，有几个孩子特别擅长讲故事。

学生A：和你们班孩子沟通容易吗？

学生B：不太容易。根据孩子们的兴趣、爱好、发展水平开展活动，我们几个同学比刚来时有些进步，但根据不同孩子的脾气和性格进行个别有针对性的沟通与指导，我们比指导老师差远了。

学生A：我也有同感。就拿我们班的孩子来说，有的孩子比较容易接近，比如丹妮，她比较外向，对新老师很热情，第一天就主动和我们打招呼，她经常找我说话，还给我介绍其他小朋友的名字，我夸她讲故事讲得好，她特别高兴，特招人爱。有的孩子反应快，但做事好冲动，活动中管不住自己，比如：冬冬很聪明，但总和小朋友发生矛盾，活动中容易着急违反规则。有的孩子比较沉稳安静，比如：张力，一开始不搭理我们，但看我们几个对他们很友好，接触多了，他们慢慢比较乐意和我们说话了。有几个孩子很难接近，比如：刘丹，我们就没看到她高兴过，我主动帮她系鞋带，夸她画画得好，她也没反应，到现在也不怎么理我们，她对李老师（班上指导老师）都不怎么热情；还有，康晨，我觉得他特别内向，喜欢独自玩，只有李老师对他有耐心，不厌其烦地关心他，他才和李老师说几句话……

【分析】以上是实习生对不同孩子表现的描述说明：我们面对的儿童是一个个鲜活的、独立的个体，每个孩子的特点不尽相同，沟通和教育的方法不能千篇一律。要结合儿童的气质特点，有针对性地用语言来展开有效的沟通和教育。

气质无所谓好坏，上述各种类型的气质都有其积极和消极的一面，但是，它影响到幼儿的心理活动和行为，正确的教育能够发展良好的个性特征；错误的引导有可能会使幼儿形成不良的个性。因此，成人对儿童进行引导和教育时，必须充分考虑到每个儿童的气质特点。同样的情境和状况，教师应该根据幼儿不同的气质特点有区别地施教。因此，幼儿园教师在与孩子沟通和游戏实施教育策略时，除了具备正确的儿童观、教育观，并考虑不同孩子的兴趣、爱好、心智发展水平，还必须考虑不同气质类型幼儿的语言接受能力，特别是要学会用恰当的语言与他们沟通，使幼儿更好地发展和成长。

一、沟通语训练

（一）作用和要求

沟通语是指在体察对方特定环境的前提下，迅速选择恰当的表达内容和方式以争取对方认同或配合的言语策略和技巧。通俗来讲，就是通过对话、交谈、眼神交流、肢体接触等方式达到彼此心领神会，互相更加信任、理解，相处更加融洽。

沟通是双方互动的过程。在幼儿园里，运用沟通技巧的目的是用爱的情感开启幼儿的心扉，是教师与孩子之间的心与心的对话。在教师与幼儿沟通的过程中，教师的观点、评价对幼儿有一定的权威性，所以能够与孩子进行有效沟通是每个幼儿教师必备的一种技能。

首先，教师与幼儿的良好沟通，能让教师更好地了解孩子的兴趣、需要、性格特点及心智发展水平，从而进行更有针对性的教育；同时，有益于教师反思以往教育方法的失误与不足之处，及时调整教育方法和教育策略，使教育达到事半功倍的效果。

其次，沟通能起到适时监控的作用。通过沟通能够充分了解孩子的内心世界，及时发现孩子的心理变化或心理异常，并及时调整教育方法或给以相应的补救措施。

再次，孩子也可以通过与教师的良好沟通，感受到教师的期望与关爱，拉近与教师的心理距离，获得安全感，从而使孩子在教师面前更真实地表现自己，乐于表达自己的所思所想，有问题敢于向教师求教或发问，更好地发挥自身的独立性和创造性。

最后，教师与孩子的良好沟通，也能促成孩子的语言表达能力和社会交往能力，对孩子未来生存能力的提高起着积极的作用。

（二）技巧

1. 沟通的两种基本形式

教师与幼儿沟通主要有非言语沟通和言语沟通两种方式。

1）非言语沟通

非言语沟通是指教师用体态语与幼儿交流，老师的一个眼神，一个拥抱，一个微笑就能起到很好的作用。它是言语沟通的有益补充。非言语沟通在幼儿教育中非常重要。教师的表情（微笑、慈爱的目光……）、动作（竖起大拇指、V形指、点头、拍肩、搂抱、蹲下……）、体态（专注倾听的态度、说悄悄话的状态……）等远比语言更能表达教师对孩子的尊重、关心、关爱、呵护、欣赏、肯定；另一方面，幼儿也需要与教师的身体接触，心理学实验证明，身体肌肤的接触，有利于安定孩子的情绪，让孩子感到温暖、亲切、安全。

利用非言语沟通应掌握以下四种技巧。

第一，由衷地看着孩子微笑。通过微笑，表达对孩子的欢迎、接纳、支持、关心等情感，让老师的爱变成具体动作。在关注孩子活动的过程中，以微笑与孩子的目光进行对视与交流，这样会给孩子营造一种温馨、友好、宽松的心理氛围，让孩子感到愉快和安全，无形中会增强孩子对老师的好感，是进一步交流与沟通的基础。例如，晨间接待时，老师老远看见孩子来园，就报以微笑，并张开双臂欢迎、拥抱孩子，对自卑、胆怯的孩子，老师的微笑，更会让他们感到被接纳的愉悦。

第二，用眼睛表达对幼儿的关注。眼睛是心灵的窗户，孩子很会领会教师用眼睛所传达的信息。在日常生活和集体教育活动中，教师更多的时候是面向全体幼儿讲要求、讲游戏规则，在组织活动中，面对孩子的不同反应，往往需要老师"用眼睛说话"，以达到与孩子沟通和促成活动正常进行的目的。

非言语沟通在具体运用时要因势利导，对态度认真的孩子，用比较夸张的点头微笑，竖起大拇指以示鼓励；对注意力不太集中的孩子，投以慈爱、询问、理解的眼神；对在游戏活动中有独特创意的孩子，投以赞许的目光；对新入园的孩子，要关爱有加，尽快消除幼儿初到幼儿园的陌生感。

第三，蹲下来与孩子说话。近年来，"蹲下来和孩子说话"逐渐被人们接受和认同。对幼儿教师而言，这不仅仅是一个简单的动作，更代表了一个全新的教育理念，一种民主公正的态度。这不仅能拉近与孩子的物理距离，更能拉近与孩子的心理距离。只有与孩子进行平等的交流，在充分尊重彼此的基础上形成一种朋友关系，孩子才能从教师的眼睛里看到尊重与信任。

第四，斜对着孩子或与孩子并排进行沟通。教师与孩子说话，不要站着让孩子仰视，与孩子之间的距离和位置要适当。一般教师与孩子说话的距离不超过一米,如果与孩子单独说话,距离不超过一尺,双方朝着一个方向,这样孩子会感到轻松自然,没有压力。

2) 言语沟通

非言语沟通固然重要,但毕竟是交流的辅助手段。正常的人际交往离不开言语沟通,尤其是随着孩子年龄的增长,对言语的理解能力增强,需要用语言来表达自己的需要和丰富的内心世界,教师要更进一步了解幼儿,理解幼儿,尊重幼儿,达到心灵交汇,即必须掌握言语沟通的技巧。

作为幼儿教师,虽然天天都在和孩子交谈,但事实并不一定都是有效的沟通,因此成人常说,不知道孩子怎样想的,了解孩子很难,同时孩子们也渴望成人能了解他们的世界。

【范例一】午睡时间结束了,可玲玲小朋友还不愿意起床。

教师:玲玲,怎么了,还没起床?

孩子:老师,我累,我还想睡。

教师:你刚醒,但你还觉得有点累,是吗?

孩子:是的。

教师:有时候老师也这样。

孩子:老师也这样,为什么?

教师:可能睡得不好,也可能昨天晚上睡得太晚了,你呢?

孩子:我睡晚了。

教师:那我告诉你妈妈,今晚让你早点睡,好吗?

孩子:好的,那我现在就起床了。(边说边开始穿衣服)

教师:玲玲真懂事!

【范例二】在大冷天,活动课后,一个小朋友想脱衣服。

孩子:老师,我热。

教师:我摸摸,是有些热,先把外衣扣子解开,好吗?

孩子:我想把外衣脱了。

教师:脱得太猛,我怕你会伤风感冒。上回你感冒时是不是感觉很难受?

孩子:是的,头晕晕的,还直流鼻涕,可难受了!

教师:那你说,现在还脱不脱衣服呢?

孩子:好,那我过会再脱。

【分析】在这里,我们听到的是两个独立的人之间的平等对话。在这样的交谈中,老师注意倾听,并能准确地捕捉孩子言语背后要传达的信息,尊重孩子的感受,给予的回应充满了对孩子的理解和关爱,从而实现了较好的沟通。

要提高与幼儿言语沟通的质量,首先是要转变教师的观念,把孩子当成具有独立人格的人看待。其次,必须保持一颗童心,从孩子的世界出发,接纳并体会孩子的感受和想法。最后,要承认个体差异的存在,能根据孩子各自的特点进行沟通。

2. 言语沟通技巧分类训练

1）引发交谈的技巧

引发交谈是教师要找到与孩子交谈的切入点，具备能够激发孩子乐意与之交谈的能力。要求老师一定要善于捕捉孩子表面言行背后的信息并给予积极的反馈，要善于发现孩子感兴趣的话题，敏锐地抓住时机，创造谈话的良好气氛，将孩子自然引入交谈之中。

孩子们在活动中通常是喜欢与教师沟通的，可如果教师对孩子的见闻、问题、感受缺乏兴趣或共鸣，就不会达到预期的效果。

2）倾听的技巧

倾听，对幼儿教师至关重要，在沟通中，教师乐意、善于倾听，并能对孩子说的话给予适时、适地的反应，使孩子更乐于向你倾诉，并相信教师是自己随时可以交谈的对象。

倾听是教师与孩子沟通的必要前提。但在实际工作中，真正掌握倾听艺术的教师并不多，有的因工作忙碌，在与孩子的沟通中不能认真、耐心地倾听；有的不愿意用孩子的视角倾听，因此，常会觉得孩子说的话滑稽、可笑、幼稚、不可思议而不屑倾听，从而难以做到与孩子互相倾诉，彼此聆听，很难了解孩子们的心声，自然就很难与孩子进行有效的沟通。

教师的倾听分积极聆听和消极聆听两类。所谓积极聆听，是指当教师与孩子进行交谈时，教师除了认真耐心听孩子诉说之外，适时地采用一种关心谅解的态度与口吻，简单地复述孩子的话，用以表示了解孩子的一切，并鼓励他继续说下去，在孩子需要时教师插话或拓展谈话的内容和范围。

孩子向教师诉说高兴的事，教师应表达共鸣；孩子向你表达委屈或不满时，教师要允许孩子尽情地宣泄；当孩子向你述说你不感兴趣的话题时，教师也应耐心地倾听，表示你关注他的谈话内容，你可以使用"嗯""是吗""后来呢"等词语，表示你在认真地倾听，鼓励孩子说下去。这样，可以增加孩子对教师的信任感，使孩子更乐意向教师倾诉，有助于教师了解孩子的兴趣与发展水平，提高孩子的语言表达能力和社会交往能力。

消极聆听并非指教师对孩子的话充耳不闻，置之不理，而是指教师只是聆听孩子的陈述，对孩子的交谈、陈述不表示主观反应。这种聆听对小组或自由结伴交谈中的孩子，营造了一种良好的沟通氛围，是教师对孩子的个性、知识面、兴趣、需要等进行了解最自然、最有效的途径。对个性比较独立且善于言辞的孩子而言，教师的这种聆听状态，可以让他（她）觉得教师允许他（她）畅所欲言，可以尽情地倾诉自己的喜好和苦衷。但对个别比较胆怯、缺乏自信或比较内向的孩子而言，教师只采取消极聆听时，孩子就会因得不到教师的积极反馈而停止交谈，从而达不到真正了解孩子的目的。例如，在教育活动中或自由游戏时，教师引发话题后就变成一个耐心的倾听者，不随便插话或打断孩子的谈话。对孩子之间的是非评判，不要妄加评说，即使简单评论谁是谁非，也要注意公平公正，让孩子能接受。

3）扩散谈话的技巧

扩散谈话指教师用孩子可以理解的方式，向孩子提供适宜的信息、词汇或问题，引导孩子把话题延续深入下去。

扩散谈话是教师进一步与孩子交谈的必要阶段，不仅能使教师多方面获得孩子的信息，还能使孩子的语言表达能力得到锻炼和提高，也是使孩子对教师产生信任和依赖的重要途径。

4）结束谈话的技巧

结束谈话指老师适时地结束谈话，让孩子获得满足感，即使由于客观原因必须结束谈话时，也要让孩子感到，老师很想听他讲话，以后还会有向老师倾诉的机会。实践证明，沟通的效果如何，并不完全取决于交谈时间的长短，尤其在幼儿园，每个环节的安排是相对紧凑的，老师应根据实际情况引出话题，同时应具备结束谈话的能力，与小孩的沟通不能漫无目的，想到哪说到哪，有头无尾，草草收场或不了了之都是不可取的。例如，晨间接待时，小朋友玲玲正在和老师聊着昨天她和妈妈出去玩的趣闻，可又有孩子来了。遇到类似的情况，如果老师急忙去接待刚来的小朋友，玲玲在一边就会被冷落，会影响她与老师沟通的热情。此时，教师要停止话题，用"我们一会儿接着说"这样的话语来结束谈话。

3. 沟通语使用的基本要领

一是语脉接引，即顺着孩子的意思说；二是互补交流，即孩子没说到的地方就给他"垫"上一两句，共同说一个意思，表达一种感情。这两种方法要灵活机动地运用。

当沟通受阻时，注意及时调节，一要善用委婉的语气，先静听述说，然后运用沟通语逐步变通折中，渐入正题；二要设身处地为孩子着想，不要过分苛求孩子。

在与孩子进行沟通时，还要避免两种情况出现。一是沟通错位，即故意岔开幼儿的语意指向，从贬抑或否定的角度，答非所问地同孩子说话。例如，幼儿说："老师，你就问我吧，我知道……"教师说："就数你能，就数你爱多嘴！"这就严重地打击了幼儿回答问题的积极性。二是情感反差。在与幼儿沟通时，情感的"热度"要尽量一致，不出现反差。当孩子主动同教师说话时，冷漠、草率或敷衍都是不适宜的。例如，幼儿兴奋地说："老师，你看，我妈妈给我买的新衣服漂亮吗？"教师头也不抬地说："嗯，知道了。"原本期待得到老师夸奖的，但却换来了老师的敷衍和不重视，这会让孩子感到很失望，情绪也会很低落。

4. 不同气质幼儿的沟通语

1）胆汁质、多血质幼儿的沟通策略

（1）给予适度的关注，避免他们自以为是和缺乏约束力；

（2）给他们充分表达内心世界及创造性想法的机会；

（3）在交谈中，可直接指出其存在的不足或问题；

（4）可交给他们一些任务，使其在完成任务的过程中，体会老师的信任，增强自控能力和责任感。

2）黏液质幼儿的沟通策略

（1）给予持久的关心和关注，建立他们对老师的信赖感；

（2）创造良好的沟通氛围，但不勉强；

（3）对他们的良好表现给予及时的反馈；

（4）对他们表现出的问题，老师应注意用委婉的口吻，在小范围内提示；

(5) 平时主动询问和倾听他们的心声，并适时适地地进行交谈。

3) 抑郁质幼儿的沟通策略

(1) 用非言语方式表达对他们的关爱和理解，建立他们对老师的安全感和信赖感；

(2) 有意识地与他们的家长进行交流，以便更多地了解幼儿；

(3) 不管他们情绪怎样，老师要多以积极的情感感染他们，创造良好的沟通氛围，主动单独和他们交谈；

(4) 少看他们的不足之处，强化他们的闪光点，多观察，发现他们的兴趣和强项，并给予表现和展示的机会，帮其不断获得快乐的体验和成就感；

(5) 对他们表现出的问题，老师应注意采取适宜的方法予以提醒。

总之，与孩子的沟通是一门科学，是一种语言艺术，需要每个教师在工作中不断反思和总结，需要不断地学习、探究和创造。

【练一练】请根据下面的教育情景，设计相应的沟通语。

(1) 有一个孩子胆子小，教师请他起来回答问题，虽然回答正确，但说话吞吞吐吐，引起大家嘲笑。

(2) 教师走到一个有孤独感的孩子面前，亲亲他的脸蛋。

师：瞧你，早上脸又没有洗干净吧？

幼：老师，他的脸没洗干净，你怎么还亲他呀？

(3) 一个孩子生了几天病，又回到幼儿园。

幼：老师，我病好了，我在家天天想你。

(4) 幼儿今天穿了一件新衣服，满心欢喜地跑到教师面前。

幼：老师，你看我的衣服漂亮吗？

二、劝慰语训练

(一) 劝慰语及其作用

在幼儿园里，孩子们往往会因为自己不适应、无知、意愿未达成等造成不快，因此，教师要善于分析导致孩子不快乐的原因，给予适宜的劝慰。老师的劝慰语，要真诚地表示同情和理解；对孩子的诉说要耐心地倾听；要针对孩子不同的气质类型，给予劝慰，使孩子尽快地走出不良心境。

(二) 劝慰语技巧

对胆汁质和多血质儿童的劝慰老师要直接明了，设法淡化并转移其注意力；对黏液质儿童的劝慰要表现出同情、理解，要有耐心，要给予积极的暗示；对抑郁质儿童的劝慰要有耐心、不厌其烦，要设法引导其远离引发不良情绪的环境。

【范例】同样是新生入托，针对不同类型的孩子，教师的劝慰是有一定区别的。

儿童A由家长带来时，虽然不情愿，但她好奇地看着老师，看看幼儿园里的小朋友，老师和A

的目光接触时向她热情问候,她不排斥,老师断定这个孩子属于活泼、好交际型(多血质)的儿童。因此,老师说:"欢迎A上幼儿园。"并从家长手里接过孩子,鼓励孩子和老师一起向家长说再见;告诉A:"幼儿园有好多小朋友和玩具,我们的A一定会玩得很开心的,让妈妈早点来接A,好吗?"A很顺从地进入活动室玩耍了。

儿童B由家长带来时,一直盯着老师,对老师的热情接待和问候没什么反应,很安静,老师初步断定这个孩子属于黏液质的儿童。老师很热情地从家长手里接过B,并向B说"欢迎B",然后告诉家长"幼儿园有好多玩具,孩子们都很喜欢,B也一定会喜欢的",问B喜欢什么玩具,并拉着B的手向家长说再见,还吩咐B的家长早点来接B,B也默认了。

儿童C由家长带来时总是哭,老师热情问候时,他躲避、拒绝,是一个不太容易接近的孩子,属于偏抑郁质孩子。因此,老师不仅热情地从家长手中接过孩子,还有意识地和孩子碰碰头,表示对他的喜爱,又把C带到孩子比较多的地方,通过介绍其他小朋友,转移C的注意力,C一会儿也不哭了。

【点评】以上实例告诉我们,对于不同的孩子,教师的劝慰应有所不同,需要教师在工作中善于观察和把握孩子不同的个性气质,施以不同的劝慰方式。值得强调的是,教师语言技能的运用与观察能力是密不可分的,正确的语言指导基于准确的观察。目前我国幼儿教育的现状是,由于幼儿园的班级容量较大,给教师的工作增加了难度。因此,也就要求幼儿教师要学会"眼观六路,耳听八方",时刻观察幼儿的一切活动,做到"心到、眼到、手到、嘴到",观察细致周到,语言的指导才会更加准确到位。

【练一练】假如你遇到以下情况,应该说些什么话对幼儿进行劝慰?
(1)幼儿玩玩具时,一不留神被铁皮划破了手指……(鼓励幼儿坚强)
(2)中班一幼儿胆子小,敏感、情感细腻,特别依赖妈妈,每天早上妈妈走后都要伤心地哭一场,但慢慢情绪又会好起来。一天,妈妈走后,她又开始哭……

三、说服语训练

(一)说服语及其作用

当孩子遇到争执、纠纷时,老师恰当和及时的说服是必要的。说服语的作用就是使幼儿听从和接受某种意见、主张、措施或办法。它是教育幼儿的一种本领,也是一门艺术。例如,一天下午,班级开展户外体育活动,教师提供了多种活动材料,孩子们自己选材进行活动,不少男孩子玩呼啦圈,都把呼啦圈当成方向盘,自己当司机,玩起了"开车"的游戏,不一会儿,"车速"变快,像是在"赛车",教师的心一下子紧了起来,怎么说服小孩子减慢"车速",避免发生碰撞和意外呢?老师是这样说的,"今天的司机真遵守交通规则。司机们,今天都工作半天了,该下班了吧?""司机"一听,就放慢了速度。老师马上又说:"能告诉老师,你们都开的什么车吗?"孩子们七嘴八舌地报自己"车名"。接下来,老师提出了问题:呼啦圈除了可以当"方向盘"玩,还可以怎么玩,并让孩子们尝试自己说的玩法……

在幼儿活动出现不安全因素时，这位老师并没有采取紧急制止的办法，而是巧妙地根据幼儿的认知水平，做了委婉、积极的暗示，话未挑明，却表达了教育的意图，成功地说服了幼儿改变活动方式。

(二) 说服语技巧

首先，要求教师要有明确的说法，充分了解幼儿，并分析问题的根源，以便有效说服幼儿。还应考虑孩子的身心特点和接受能力，避免将自己的主观意识强加给孩子。

其次，教师可以采用疏导、暗示的方法去说服、改变幼儿的某种习惯、行为或认识。说服语往往围绕一个中心，解决一个主要问题，循循善诱，以理服人。但切忌主次不分，武断轻率，说大话、套话、空话，以及用老师的身份压服幼儿等。要重视"调查"，有的放矢；要尊重幼儿，谈话时要注意分寸，留有余地；要多从正面诱导，热情诚恳，既要求严格，又态度和蔼，使幼儿心服口服。

最后，教师还应根据幼儿的年龄和气质特点使用相应的说服语言，并且在说服的同时，注重"言教"和"身教"的结合，做到言行一致。

对多血质幼儿的说服语要注意语意的"先承后转"。多血质的孩子外向好动，适应和理解事物快，教师可不用太多暗示，稍为迂回、铺垫后顺承幼儿的语意进行表达，如用"当然……但是……"引出要说的话等，这样往往能达到以柔克刚的教育效果。

【范例】有个孩子吃了香蕉把皮丢在了地上。

教师A：是谁把香蕉皮扔在地上的？是谁干的？是想让人踩上去栽个大跟斗吗？谁丢的？站出来！（幼儿眼睛一愣，没有动。）

【分析】教师A一连串的质问显得咄咄逼人，严厉的语气让幼儿产生了抵触和恐惧。

教师B：地上丢的是什么呀？哦，是香蕉皮。但它是软的，丢在地上，谁踩到了肯定会摔倒的。怎么办？我们都是讲卫生的孩子，恐怕是香蕉太好吃了，一下子忘了把香蕉皮扔进垃圾箱了吧？现在，这位小朋友想起来了没有？来，我们一起把它捡起来，丢进垃圾箱里！以后我们可别忘了呀！（扔香蕉皮的小朋友吐了吐舌头，马上把香蕉皮捡了起来。）

【分析】教师B弱化了指责，用委婉的方式表达了某种宽容，既指出了危害性，也启发诱导幼儿主动"站"出来纠正错误。

【练一练】阅读下面材料，设计说服语。

(1) 丁丁最喜欢孙悟空，特别爱学孙悟空一手搭在前额，一条腿抬起的动作。有一次，他爬到攀登架上，一手抓住横架，一脚盘在竖杆上，再不肯下来，老师和小朋友们都惊呆了……

(2) 楠楠是个爱美的小女孩，她非常喜欢色彩艳丽的东西，对花衣服、红帽子、黄发卡等都爱不释手。有一天，幼儿园组织孩子们到植物园春游，楠楠在玫瑰花丛中站着不走，非要摘几朵花带回去玩不可。

四、激励语训练

(一) 激励语及其作用

陈鹤琴先生的"活教育"理论认为，"积极的鼓励胜于消极的制裁"。由此可见，鼓励与激励比批评意义更重大，对幼儿来说鼓励是一种催人奋进的驱动力。当我们用语言、行动等来积极肯定幼儿的想法、行为时，可使幼儿受到鼓舞，精神感到振奋；还可调动起幼儿的积极性，将各种规则和要求转化为幼儿自觉的行动。

不同的孩子对激励语言的接受和理解的能力也不同。因此，怎样激励孩子的兴趣和积极性是一门艺术。不分场合、不讲分寸、不看对象地随意激励，都会导致激励失败、失效。这就要求教师懂得使用激励语的技巧，讲究使用激励语的策略和方法。

(二) 激励语技巧

1. 对多血质、胆汁质幼儿要在"抬高"中"煽动"

对于热情但容易冲动的多血质、胆汁质幼儿，教师要语气肯定，语言需富有"煽动"性，目光直视幼儿，并适当增加态势语，使幼儿的情绪高涨；同时，还要善于趁热打铁，点出问题核心，委婉表明态度和要求，有意抬高幼儿的"境界"，达到使其"热情澎湃"而自愿采取行动的效果。

例如：小朋友都喜欢带些小玩具来幼儿园与小伙伴一起玩。但明明只想玩别人的玩具，却不愿意把自己的玩具给别人玩，小朋友们都不愿意和他玩。这时老师一边把明明带来的玩具拿给小朋友看，一边说："你们看，这是明明带来的玩具，可好玩啦。明明就是带来和小朋友们一起玩的，我们应该对他说什么呀？"小朋友们马上大声地说："谢谢明明！"（发动集体的力量"煽动"情绪）明明听了老师和小朋友们感谢的话，开始有点动摇了，老师紧接着又说："明明，今天你真大方，愿意把自己的玩具给别人玩了。"（"趁热打铁"）本来还在犹豫的明明被老师的话"抬"得高兴了，就大大方方地把自己的玩具给了其他小朋友玩。活动结束后，老师又在集体面前表扬了他，再一次肯定了他的行为。明明乐得合不拢嘴。

2. 对黏液质幼儿要在"抚慰"中"启发"

对于幼儿来说，挫折、失败是难以避免的，多数情况下，幼儿的表现是哭鼻子、发脾气。这时候，老师恰当地激励他们显得更加重要。应使用悦耳、活泼的语言，面带微笑的表情，给予幼儿更多抚慰，平息他们的情绪，鼓励和引导他们参加活动；同时，要注意启发幼儿多角度、多侧面地思考问题和解决问题，帮助他们寻找原因，使他们思维活跃，性格开朗起来。

例如：小班的一个幼儿特别喜欢玩具枪和玩具汽车，看到小朋友带玩具枪和玩具小汽车来了，就跟在别人后面，吵着要玩。并且他每次总动手去抢，抢不到就到老师那儿哭鼻子告状。这时，老师先稳定他的情绪，然后指出他的错误，并鼓励他："我知道你是一个懂礼貌的孩子，会对小朋友说'请你给我玩一会儿，好吗？'这句话。小朋友都愿意和懂礼貌的孩子一起玩，不信你去试试！"慢慢地这个孩子开始试着用积极的方法去解决问题了。

3. 对抑郁质幼儿要多理解帮助

当代社会虽然孩子们生活条件优越了，可抗挫能力较差，对自己没有信心，遇到困难就退缩，但每个人都是向往成功的，幼儿也是如此。每一点微小的成功，在成人眼里可能微不足道，可却能点燃幼儿心中的希望之火。因此，应该注意观察幼儿，捕捉幼儿点点滴滴的成功，并在关键时刻，适当地给予帮助，可使幼儿坚定战胜困难的决心，特别对于敏感、孤僻但又细心的抑郁质幼儿，教师更需要用亲切、柔和的语气和和蔼的目光与其对话，用肯定性的评价帮助他们树立信心，积极参与到各项集体活动中来。

例如：有一个自理能力较差的女孩子，做事情动作缓慢，小朋友都不愿意和她玩，个别调皮的幼儿甚至欺负她，取笑她，为了帮助她走出困境，教师就设法捕捉她的闪光点。教师发现她的接受能力差，但记忆力还不错，学英语时很专心，记忆单词不比别人慢，老师便鼓励她，让她背单词给大家听，她在小朋友面前有了成就感，找到了自信，渐渐地小朋友也愿意和她一起玩了。

幼儿教育者应该明确自身的责任，在落实教育的时候多采用鼓励性的语言，帮助学生健康成长。

【练一练】请根据下面情景，针对不同气质幼儿特点设计相应的激励语。

体育课上，小朋友练习单脚跳，个别幼儿动作很不协调，教师说……

五、表扬语训练

（一）作用和要求

表扬是一种对孩子的思想和行为给予肯定的评价，使其优点不断得到巩固与发展的教育方法。恰当地运用表扬，对孩子们认识什么是好坏，什么是善恶，建立是非观念起到直接作用。表扬使孩子们明白自己的优点和长处，并使之得到巩固和发展，还能使孩子们得到精神上的满足和愉悦，从而使之更加努力上进。

表扬和激励都是对幼儿良好的思想行为或表现予以肯定的教育形式，目的是调动其自身的积极因素，发扬优点，激励上进，使之健康成长。但表扬语与激励语也有所不同，前者是对幼儿行为结果的肯定；而后者是在肯定幼儿行为结果的基础上还寄予了一定要求，给幼儿指出了以后努力的方向和目标。在与幼儿交往的过程中，并不是任何时候都必须对幼儿的行为表现寄予希望，有时候发自内心的单纯的肯定和赞赏，更能够让幼儿倍感幸福和激动。日本心理学家多湖辉曾说："在每个孩子身上都蕴藏着巨大的、不可估量的潜力，每个孩子都是天才，宇宙的潜能蕴藏在每个孩子心中。"天才靠老师去发现，去培养。每个教师都要用激励打开孩子的心扉，使他们长成参天大树。

（二）表扬语技巧

1. 基本要领

1）要善于发现幼儿的"闪光点"

虽然每个幼儿的个性特点存在差异，但他们身上普遍都存在着容易被忽视的可贵之处，即"闪光点"。对这些一"闪"而过的亮点，及时的表扬是对孩子积极向上的心理愿望的"助燃"，否则，它会因时间的推移而减弱。任何借口的拖延或遗忘（即使事后再想起）都会使孩子心灰意冷。因此，教师应善于发掘幼儿的闪光点，并进行"热处理"和"助燃"，给予及时的肯定和表扬，并且具体表明：为什么要表扬，什么地方值得表扬。有这样一则故事：一位中国妈妈在国外，见到一个外国小女孩，孩子礼貌地和她打招呼："阿姨好！"中国妈妈对小女孩说："你长得这么漂亮，真可爱。"没想到，小女孩的妈妈却说："你夸她可爱是因为漂亮，我更希望你因为孩子的礼貌去赞美她。"中国妈妈非常感慨，立刻说："孩子很有礼貌，真可爱。"故事中小女孩的妈妈给那我们提出了一个耐人寻味的问题：该怎样表扬孩子。

2）说话要恰当适度

表扬要适度。言过其实的夸张称赞，会使被表扬的幼儿不能正确地看待自己，助长骄傲自满的思想，极易产生负面效应。因此，表扬语既不能言过其实，又不能轻描淡写，要根据幼儿的具体行为和表现，做出适度的鼓励性评价。

同时，表扬还应适量。"量"的掌握，要从行为本身价值产生的效果与周围的关系全方位的考虑，如果缺少任何一方面都会降低教师说话的力度。总之，多而滥的表扬，不但对孩子起不到教育作用，还会使孩子滋生不良的品格，每一个幼儿教师都要注意这一点。

当前推崇的一种教育思想是"赏识教育"，认为"好学生是夸出来的"，正面表扬孩子才会建立自信，才会产生兴趣，才会有成就感，才会更加努力。但是，观念行为都不能绝对化，要适时适度，否则会适得其反，事与愿违。一位妈妈反映，有一天孩子回到家就把手套往地上一扔，妈妈让他捡起来放到桌子上，语气稍重了一些，孩子就受不了了，大声对妈妈说："你不能批评我，今天老师表扬了我好几次。"可见，盲目的赞美并不利于儿童的健康成长。因此，要正确理解"赏识教育"的真正内涵：赏识不等于放弃原则，廉价的、无原则的赏识会助长幼儿的不良习惯，一味的赞美会成为幼儿前进道路上的"绊脚石"；同时也不能一味地为表扬而表扬，将表扬形式化、庸俗化；当孩子做了错事，例如，打小朋友、抢小朋友的玩具时，教师不仅不能表扬孩子，还要旗帜鲜明地指出孩子的错误，给孩子以正确的引导，帮助孩子树立正确的人生观和世界观。表扬孩子的优点，表扬孩子的具体行为，应做到及时、具体、准确。

3）形式要生动活泼

表扬语要避免过于单一，要针对不同的情况，使用不同的表扬语言，力求表扬形式多样化，使幼儿始终保持活跃的思维状态。除了教师予以正确评价外，还可调动其他幼儿参与表扬和激励的教育活动，使被表扬的幼儿的"闪光点"得到广泛的认同。一个会心的微笑，一个赞许的眼神，一个亲昵的拍脸动作，一次和老师的拥抱都可作为表扬语的辅助形式。

4）语态要真诚，语调要热情

孩子年龄小，对成人说话的语气、表情、动作还是相当敏感的。表扬语要避免语气平淡、语调平板，否则会削减表扬的力度，甚至适得其反。

2. 不同气质幼儿的表扬语

对多血质、胆汁质幼儿的表扬要多戴"高帽"，投其所好，直接明了，使其扬长避短；对黏液质、抑郁质幼儿的表扬要情真意切、活泼热情，辅助以体态语，使其树立自信心。

例如：一个性格内向的小男孩，每次画画都有畏难情绪，总是怯生生地说："老师，我不会！"为了让他树立自信，教师便带他先看看别的小朋友是怎么画的，告诉他怎样握笔、怎么画第一笔，甚至握着他的手帮他画，他渐渐觉得画画并不难，像"我不会"这样话越来越少了，画面上的内容也渐渐多了起来。在一次"帮外婆烧菜"的美术活动中，他把"烧"好的茄子和青菜拿来给教师看，教师马上表扬了他："哇，你这么快就烧好了两个菜，老师真想马上就吃，等你把菜全做好，我们和其他小朋友一起吃，好吗？"小男孩非常高兴，继续认真"炒菜"。

表扬孩子也是很有技巧的，不同情景下不同的赞美语，要恰到好处才能使幼儿受益匪浅。

【练一练】请根据下面的教育情景，设计有针对性的表扬语。

天天爱玩"枪战"的几个小男孩做操不认真，听课也打不起精神，有一次，教师让孩子们练习草原骑马的动作，其中一个男孩节拍准，姿势也优美，教师当众表扬了他。后来又找他单独谈话一次。

当众表扬时，教师说……

单独谈话时，教师说……

六、批评语训练

（一）批评语及其作用

对幼儿言语行为所表现出来的损害他人、推卸责任、发泄不满等表现，教师要在不伤及幼儿人格自尊的前提下，合理引导，正面教育，阐明错误行为所带来的不良后果。批评是对幼儿某种不良言行否定的评价，它是一种教育手段，为的是让幼儿引起警觉，自觉纠正缺点或错误，规范行为，有时还能从侧面激发幼儿积极向上的动力。合格的幼儿教师既要敢于批评，又要善于批评，批评必须注意方式方法，要坚持实事求是的原则，不带偏见歧视，从关心爱护的角度出发，平等地对待每一位孩子。对于是非分辨能力较低的幼儿来讲，不时"犯"些小错误是难免的；幼儿教师要根据幼儿犯错的性质、幼儿对待问题的认识态度和幼儿不同的语言接受能力，有针对性地进行批评教育。

（二）批评语技巧

1. 基本要领

1）控制情绪，用语客观

实施批评必须先调整好自己的教育心理，控制好自己的情绪，言辞才会恳切，才不会说过头话。

2）一事一评，忌算总账，忌做结论式批评

"算总账"式的批评是对幼儿的全盘否定，这样容易在幼儿心中形成自我否定的心理定势，教师要就事论事，千万不要给幼儿做定性结论。

3）少做剖析，多说利弊

少做理性的剖析，重在简单明了地指出其危害性，指出错误可能会造成的后果。

4）不厌重复，刚中显柔

幼儿自控能力薄弱，教师的批评有时并不能一次奏效，因此要经常指点。为了达到目的，这些包含批评因素的指点，可以语气强硬一些。如："拉椅子怎么这么响？我听到小椅子喊疼了。是哪个小朋友把椅子的腿拉疼了呀？"在对幼儿进行批评时，必须让孩子体会到教师的关心和期待，必须坚持正面教育。用尖刻的言辞挖苦、训斥孩子，不仅是教育口语运用的大忌，更是教育的重大失误。

2. 根据幼儿的不同气质设计批评语

多血质幼儿容易接受批评，但往往忘得快。因此，对此类幼儿，批评应开门见山，但需注意保护其自尊心和积极性。胆汁质幼儿容易冲动、要强，而且经常质疑公平。因此，对这类幼儿的批评应等到其情绪平静后，态度温和地进行诱导。黏液质幼儿往往需要更多的时间消化反思批评，一旦明白了道理，认识到错误，一般很少重犯错误。因此，对这类幼儿，教师一定要给他们思考回味的时间和机会，并要有耐心。抑郁质幼儿犯错误的机会不多，因而受批评的概率也相对较低。对这类幼儿，应多以鼓励为主，即使批评也应尽可能委婉含蓄。

【范例】幼儿园的玩具娃娃被弄坏了，老师对幼儿说："洋娃娃告诉我，她最大的愿望是每天都能和小朋友们一起玩游戏，可是有人却把她的胳膊和大腿拧断了，她很疼，再也不能和大家玩了，所以洋娃娃伤心地哭了。"

【点评】被折断胳膊和腿，不能和小朋友玩，都是幼儿这个年龄阶段所能体会到的痛苦，教师通过换位思考的方法，批评了损坏玩具的行为，使幼儿认识到了自己的错误。

【练一练】

(1) 请根据下面的具体情境，设计相应的批评语。

① 早操时，几个幼儿在活动室嬉戏打闹，耽误了做操时间。

教师：

② 一个男孩搞恶作剧，饭后用碗里的水泼别的孩子，在混乱中把碗打碎了。

教师：

③ 小班的一个幼儿非常喜欢自己的花手套，吃饭、睡觉、户外活动时都拿在手上。

教师：

(2) 请对下面批评语发表自己的看法，如觉得不妥，该怎么说？

①"你老是毛手毛脚的，真拿你没办法，叫你爸爸、妈妈赔一个。"

②"又做错事了，我看你是无药可救了！"

③"走，到别的班去，我管不了你了，叫你爸爸来收拾你好了。"

④ 教师："不想听就算了，不想听的就给我出去！"

幼儿：（纷纷站起来）"噢，我们出去玩喽。"

七、评定语训练

（一）评定语及其作用

心理学家威廉·詹姆斯说过："人类本质中最殷切的需求是渴望被肯定。"正确评价、适度的表扬是孩子成长的沃土。在幼儿园，幼儿往往不大关心自己在做什么，但是对老师的评价却十分关注。他们喜欢把老师的赞誉、夸奖看作是自己积极行为的结果。可见，评价幼儿特别是其中的"赞誉""夸奖"等，是不可忽视的。因此，给幼儿适时使用一下"戴高帽"的手段，即指老师对幼儿的行为表现等诸多因素做出的一种略高于事实的褒奖性评价，能把他们的优点放大到可见程度，使幼儿看到自身的优势，从而增强其争取进步的内驱力。

评定语，即在活动中使用的即时的、情景性的口头评价。它能灵活地点拨、引导、激励幼儿的行为和表现。教师应从多个角度，以公正、发展的眼光去关注孩子的思维能力、学习方法，对每一个幼儿都抱以积极的态度，寻找并发现他们的闪光点，给予充分的肯定和欣赏，留住孩子最宝贵的兴趣和好奇心，让评价语成为滋润幼儿心灵的甘泉。

（二）评定语技巧

评定语，是教师教学中口语技巧、教育智慧的全面展示，更是教师深厚底蕴、人格魅力、敬业情怀的真实体现，虽然多属于即兴，却源于教师个人的良好修养。

1. 评定语基本方法

（1）诱发法：一般用于启发诱导幼儿思考、提问。如："你看，大家的积极性多高，一个个都举手了。看谁说得最好！"

（2）试探法：目的在于引导幼儿思考。如："你的看法真有意思，你为什么会这么认为呢？"

（3）激将法：在遇到难题或气氛不活跃的情况下，可用"激将法"激发幼儿的学习积极性。如："这个问题是不是把大家难住了？""我看，这个问题未必有人会回答！"

（4）赞赏法：主要用于肯定、赞扬幼儿的回答。如："这个主意真不错，你一定还有很多别的好主意！"

（5）协商法：可以用来帮助幼儿更正答案。如："咱们能不能把刚才的那个办法再改一下？"

（6）鼓励法：一般用于鼓励幼儿发扬优点，克服不足。如："你唱得很不错，如果声音再大一点就更好了。"

（7）壮胆法：用于鼓励能力较弱或性格内向的幼儿。如："你前面讲得很好啊，真让老师高兴，来，再接着说，没关系！"

（8）煽动法：旨在鼓励幼儿发言。如："这个问题老师也不明白，看谁最厉害，帮我们讲一讲怎么回事，我们为他鼓掌！"

（9）追问法：进一步激发幼儿思考，让其回答得更全面些。如："你说得对吗，还有别的想法吗？"

（10）补充法：用于补充、强调幼儿的答案。如："'小白兔'这个名字取得不错。如果我们再给它加上三个字变为'骄傲的小白兔'是不是更好啊？"

2. 评定语基本要领

（1）评定语应简明、准确、有针对性，让幼儿听得明白。

评定语应客观地指出幼儿的长处及存在的不足，语言要简洁明了，不冗长，不含糊，对于刻意要强调的某个方面，要讲得更清楚。所以，评定语务必恰当准确，有分寸感。另外，教师在评价幼儿时还要注意，既不能一味简单赞扬，也不能草率批评，要让幼儿知道好在哪里，错在何处。

（2）评定语应情真意切，让幼儿感到实在亲切。

教育是一种温暖的爱抚，"没有爱就没有教育"。教师的评价性语言必须是发自内心的，对幼儿的赞美一定要真诚而亲切，应注意情感效应，要关怀幼儿的成长，理解和体谅幼儿，真诚地帮助幼儿。例如可这样对幼儿说："说错是正常的，老师也会有说错的时候，没关系，你再说一遍。""洋洋，你终于牢牢地记住了这件事情，我真高兴。"当幼儿提出一个有价值的问题时，老师可走上前去，握住幼儿的小手，注视着他的眼睛，夸赞道："你的眼睛可真厉害，能发现别人发现不了的问题，多了不起呀！"这样的评定语会使幼儿心花怒放，信心倍增。

（3）评定语应饱含激励，让幼儿获得自信。

幼儿在学习和生活中，都渴望得到一定的认可，获得成功感，不管是教师的点评，还是其他同伴的评价，哪怕只是回答对了一个问题，或是做了某件值得一提的小事，他们都会产生积极而愉快的心理体验，当幼儿的愉快体验出现时，老师及时给予肯定和激励的评价，会进一步加重这种体验的感情色彩，从而使体验长时存留，促进其积极行为的再度出现。因此，教师只有蹲下来看幼儿的世界，发自内心地欣赏幼儿的成长，为幼儿的进步喝彩，幼儿才能在他人的赏识中体验和享受到被人尊重的快乐。这种激励方式的评价，能在幼儿的内心深处形成一股强大的心理推动力，在潜意识中产生向表扬目标努力追求的动力。同时，教师的激励和赏识式的评定语还能使全班幼儿兴趣盎然、跃跃欲试，使幼儿的思维处于积极、活跃、自由的状态中，积极主动地参与到课堂的实践活动中来。例如："好啊，这种做法很好，你真会动脑筋。""你的一双眼睛多有神！准能看出来。""你演得真好，只要用心什么事都会做好的。""这个句子你读得多好呀！请你再读一遍，大家仔细听听。""你念得比老师还好，老师觉得你长大后肯定能当一名播音员。"如此亲切、热情洋溢的语言，幼儿一定会被感染、受鼓舞的。

（4）评定语应富有变化，让幼儿耳目一新、喜闻乐见。

评定语要注意恰到好处。不要言过其实，给人带来虚假的感觉，同时，也要注意避免枯燥的话语，总是把一些套话进行机械重复，如："你真棒""好""很好"等。相反，评价语灵活多样、随机应变、注重创新，幼儿就想听、爱听，而且愿意为之积极争取。评价语要不拘一格，除了经常变换词句外，还可以将预设语和随机语有机结合，将整句变为散句，散句变为整句，另外可根据需要及时调整语气、语调、重音、节奏。

（5）评定语应幽默风趣，让幼儿在轻松愉快中接受教育、获得知识。

幽默风趣的语言是口语交际的润滑剂。同样，运用幽默、风趣的评价语言也是调节师生情绪和活动气氛不可缺少的方法。富有幽默感的语言更容易使教师实现对教学的有效控制，更容易缓和师生间的紧张气氛，也更能使幼儿保持一种积极、乐观的态度，让幼儿在轻松愉快中接受教育、获得知识。

最后，评定语的使用还要注意将结果评价和过程评价、即时评价和延时评价结合起来。

3. 不同气质幼儿评定语要领

评定语还需根据幼儿的个性气质差异从实际出发，区别对待，做到因人而异，"一把钥匙开一把锁"，注重评价的层次性。

(1) 对多血质幼儿应多一些赏识与鼓励。

对热情好胜但又粗心大意的多血质幼儿，要多一些赏识与鼓励，多戴"高帽子"，以"煽动"、保护他们的好奇心和求知欲，帮助其发展思维能力，激发想象力和创造潜能。同时，教师还应该善于调动幼儿的各种思维方法，帮助幼儿对具体问题进行分析，使其扬长避短，以最大限度地提高评定语的积极效果。

(2) 对黏液质幼儿应多一点幽默和信心，引导其主动进步。

对内向、谨小慎微但又细心、爱思考的黏液质幼儿来说，他们的情感表现往往与其他孩子不同。教师要有信心，要充满期待，多用鼓励、活泼、幽默的评定语帮助他们，引导他们。同时，还要尊重幼儿的情感，以避免幼儿产生自卑、自负或自欺等错误的自我认识。在教师真诚的期待中，孩子往往能产生积极向上的情感体验，在反复的尝试中获得成功，从而自主地参与各种活动。

(3) 对胆汁质幼儿应多一些宽容与耐心，使其扬长避短。

对一个充满好奇心的孩子来说，任何体验都是全新的，而在探究和发现中，失误也是难免的，对于这类孩子，教师要注意评定语的使用方法和使用技巧，要多看到他们的优点，并试着透过那些"缺点"和"错误"去发现"闪光点"，多一些宽容和理解，适当戴一戴"高帽子"，语言要婉转柔和，多一些商量和探讨的口吻，使其发现自己的不足和优点，以便今后主动扬长避短。

(4) 对抑郁质幼儿应多一点亲近和肯定，拉近双方的距离。

所谓"亲其师，信其道"，教师的情感是影响活动气氛的关键，特别是对于敏感、胆小，害怕在集体面前表现，但同时又很细心、敏感，渴望关注的抑郁质幼儿，教师的信任和亲切的情感，不仅能缩短师生双方在空间和心理上的距离，使幼儿得到自我肯定和心理满足，而且会使幼儿对教师更加的信任和爱戴。

【范例】美术活动中，教师对某幼儿的画进行了描述，请根据不同气质幼儿的特点分别设计有针对性的评定语。

这是一艘帆船，船上画了一个风帆以及和风帆一样高的人，另外一个人在捕鱼，旁边还有一张像篮子那样的网，网里有一条小金鱼。天上有太阳，天空中有一只孔雀在飞。

另外，在幼儿园实践中，经常把表扬、激励和批评结合在一起使用，并常常在与幼儿交流中进行。因此，前文所述的激励语、表扬语及批评语，从某个程度上讲都可以认为是评定语的一种，在实践中要注意综合训练。

八、语言策略

幼儿教师在具备了以上必要的语言技能的同时，还必须具备以下相应的语言策略。

(一) 积极的指示和建议

这与我们通常所要求的教育应以正面引导是一致的。这一策略要求教师在对幼儿提出教育要求时，应该多使用平等性的语言，如告诉他们能够做什么，怎样去做，而不是一味地指责他们不能做什么，不应该做什么。但如果当幼儿真的已经或者即将做出他不应该做的事情时，这时教师的建议可以使幼儿改变做法。有关幼儿园教师与幼儿的关系的调查显示，由于教师对幼儿消极的命令、指示、批评较多，教师与幼儿之间的关系不太和谐。毫无疑问，积极的建议比消极的命令更为有效，更能拉近教师与幼儿之间的关系，有利于教师对幼儿的教育。

（二）愉快的表达

这一策略要求教师不论何时何地，当有必要向幼儿说明事理时，都要心平气和。多数教师表达积极的、肯定的意见和愉快的情感时，较容易做到这一点；但在表达消极、否定的意见和不愉快的情感时，往往很难做到这一点。愉快的表达往往会令人心情舒畅，愿意接受不同的意见和批评，对幼儿来说更是如此。教师和蔼可亲地向幼儿表达自己的好恶或指示，可以使幼儿更容易接纳并乐于服从，那种高声叫喊，或对幼儿动辄训斥的做法，容易引起幼儿的反感和对抗，会削弱教育的作用，影响教育的效果。

（三）适时的鼓励

这一策略要求教师在幼儿完成任务时要给予及时的表扬；在幼儿遇到问题或困难时，要及时地予以鼓励，诸如"嗯，真不错""好样的""好孩子，继续做下去一定行"等语言，加上教师亲切的表情、爱抚的动作，会使幼儿受到鼓舞，增强信心，对幼儿身心的发展极为有利。

最后，值得指出的是，教师语言技能的运用与观察技能是密切相关的，正确的语言指导基于准确的观察。从目前我国幼儿教育的现状看，每个幼儿园的班级容量都比较大，这就给教师的工作增加了相当大的难度。因此，也就更加要求幼儿教师要学会"眼观六路，耳听八方"，时刻观察幼儿的一切活动，做到"心到、眼到、手到、嘴到"。观察细致周到，语言的指导才会更加准确到位。

【拓展活动】面对幼儿不同行为表现的教育口语训练

1. 对有攻击性行为的幼儿

儿童的攻击性行为大致有如下类型：工具性攻击、身体攻击、言语攻击、间接攻击、他人驱动的攻击、无原因的攻击、反应性攻击和主动攻击。工具性攻击是指儿童为了获得某个物品而做出的掠夺、推搡动作。在这类攻击中，攻击只是一种手段，它并不是为了给受害者造成伤害。（比如：宝宝抱了一个娃娃，浩浩觉得好玩便去抢，宝宝不给，浩浩就使劲掠夺。）这种攻击在幼儿园中比较常见，但值得注意的是，儿童在刚开始的时候只是使用攻击而夺取他想要的东西，但如果教师和家长不给予纠正，长此以往，儿童便会常常采用这种手段，从而达到某种目的，这样攻击行为就成了一种伤害他人、满足自己的手段。

例如：中班的强强身体长得很结实，虽然只有五岁，但他的个头却超出了同龄孩子很多。他好像特别爱找小朋友的麻烦，所以小朋友都躲着他。每天妈妈去幼儿园接他，老师都会告诉她今天哪个小朋友又被强强打了，班里的玩具又被他摔坏了……妈妈每次都苦口婆心地教育他，甚至打他屁股。他也答应下次再也不欺负小朋友了，但第二天一到幼儿园，又有小朋友告他状了。以至于妈妈愁眉苦脸地说："这孩子我打也打了，骂也骂了，就是不管事，我实在是拿他没办法了。"强强欺负其他小朋友的行为就是心理学上所称的攻击性行为。

那么，怎样防范和矫正儿童的攻击性行为呢？

首先，教师要鼓励儿童的亲社会行为，儿童的亲社会行为包括倾听、谦让、帮助、分享、合作等，这些都是从积极的角度防范和矫正了儿童的攻击性行为。

其次，当孩子们在一起玩耍时，教师一定要保持关注。幼儿间的游戏往往开始是相安无事，一会儿就会彼此打闹嬉戏，最后很有可能转化为一场"战争"。在确定没有受伤危险时，教师可以给孩子自己解决纠纷的机会，但一旦争斗愈演愈烈，就需要教师作为调解人加入了。教师可以教给孩子一些处理矛盾的策略，如"可以给小朋友玩一会儿，小朋友才喜欢你"；又或者让其学会分享和忍耐等。往往孩子需要大人明确的建议和说明，才能学习到解决纠纷的有效办法，而不再是以身体来攻击和报复。

再次，培养儿童的移情能力，移情能力是指在人际交往中个体感受、理解和体验他人需求与情绪的能力。研究表明，儿童的移情能力越高攻击性越低，试想一个孩子如果能时刻观察和体验别人的痛苦就会有效地抵御外在的压力，阻止对他人进行伤害，我们就可以根据儿童的这一心理特点加大对幼儿移情能力的培养，而培养移情能力可以采取以下几种方法：①情绪追忆，让幼儿回忆自己亲身经历过的情感体验，可以向别人描述自己当时的感受。②情感换位，为幼儿设定一个情感事件，让幼儿转换到别人的位置去体验这些事件，可以鼓励幼儿展开讨论，让他们认识到"如果是我，我会……"③通过讲述故事或角色扮演，比如浩浩常攻击宝宝，而宝宝常被吓哭，我们就可以通过一个作品"狼和小羊"让宝宝扮演"狼"让浩浩扮演"小羊"，当狼扑向小羊时，小羊害怕极了，一动也不动，这样，浩浩也体会到宝宝在受到欺负时是怎样的心情了，从而产生怜悯同情之心，可见，幼儿移情能力的提高对减少和防范攻击性行为有极为积极的意义。

最后，教师可创设各种教育环境，比如以绘画活动为例，如果班上有攻击性事件教师就可以将其画成一幅画的形式，让幼儿自由讨论这种现象是否正确，更进一步地让幼儿说"怎样才是正确的呢"？"我们应该怎样做"或教师再开展一次活动，让幼儿自己画出心目中的好孩子是怎样的。这样还可以提高幼儿的想象力和绘画能力，一举多得。而且，幼儿强化了良性行为，从而不经意间就改变了他们的心理状况。另一种方法就是奖励法，让幼儿互相帮助，互相感染，在幼儿之中设立榜样，让幼儿根据前图的内容（如出示几幅攻击行为的图片）接着画出好的小朋友应该怎样做，教师根据幼儿的创作进行鼓励，从而改善幼儿的攻击性行为。

2. 对注意力不集中、做事拖拉的幼儿

一般的孩子都是比较活跃的，好动是他们的天性。如何能让孩子集中注意力，做事不拖拉呢？

第一，要充分利用孩子的好奇心来培养其专注力。强烈、新奇、富于运动变化的物体最易吸引孩子的注意力。

第二，把培养孩子的兴趣和专注力结合起来。兴趣是最好的老师，人们在做自己感兴趣的事情的时候，总会很投入、很专心。小孩子也是如此。孩子对事物的兴趣越浓，其稳定、集中的注意力就越容易形成。

第三，在游戏中训练孩子的注意力。在教育活动中，应防止幼儿做一些单调活动，教师设计的游戏要使他们能手脑并用，玩具、玩法要有变化。教师要有耐心，更不要让孩子一个人玩耍，要多和他互动做些游戏，尽量让孩子站在主导的角色上，这样孩子的性格多少会慢慢改过来的！

第四，让孩子明确活动目的，自觉集中注意力。孩子对活动的目的意义理解得越深刻，完成任务的愿望就越强烈，在活动过程中，注意力就越集中，注意力维持的时间就越长。

第五，培养幼儿的自制力。教师有计划地在日常生活中，不断向孩子提出适当而合理的要求，培养他们良好的意志品质，鼓励他们按时完成任务，不能半途而废，培养他们控制自己行为的能力，坚持把每件事都能干完、干好，要从小养成这个良好的习惯。

3. 对性格孤僻、内向的幼儿

首先，要想改变内向孩子的性格，就要分析幼儿内向性格的成因，找准教育切入点，这样才能"对症下药"。

其次，家长和教师要给幼儿营造轻松无压力的交流环境。轻松无压力的环境是孩子喜欢说话的前提，幼儿不愿意说话的时候不要逼迫，以免引起他的焦虑和紧张。幼儿讲话时，家长和老师不要急于纠正幼儿的言语错误。经常被纠正言语的幼儿往往比其他幼儿的语言发展得慢，而且经常被纠正言语的幼儿会渐渐失去说话的兴趣和信心。在幼儿发展过程中，除了语言交流之外，绘画也是他们表达思想情感，与人交流的重要工具。所以当幼儿不想用语言表达时，可以让他把自己的经历或者身边的事情用画笔画出来。在此基础上，请幼儿讲一讲自己的图画，这也是激发幼儿表达欲望的一种好方法。

第三，在教育活动中，教师要多给幼儿一些鼓励，特别是内向的幼儿，多给孩子一份信任，让他在发展和成长的过程中勇敢起来。孩子性格内向，并不等于他不想和其他小朋友一起玩。相反，他可能在孤僻退缩的外表下，隐藏了一颗渴望友谊、却又害怕受伤的幼小心灵。教师应给予充分的支持和鼓励，特别是教孩子学会一些具体可行的社交技巧，教孩子一些认识新朋友的具体方法。例如，有礼貌地加入别人的游戏时应该说什么话、怎样邀请别人分享自己的玩具等，并在幼儿园多练习，以提高成功率。这样孩子就能一步一步地走出孤僻的角落，愉快地融入伙伴群体中，与其他孩子一起健康成长。让我们一起对孩子多一点肯定，少一点指责；多一点鼓励，少一点压力，多创造机会，让幼儿在实践中增强交往能力，体会失败的滋味，品尝成功的喜悦。

第四，性格内向的孩子喜欢独来独往，不合群，容易受到别的孩子的歧视，往往会被别的幼儿合伙欺负，甚至经常挨骂挨打。所以老师要经常教育别的孩子别歧视他们，更不能合伙来欺负他们，要主动接近他们："小朋友之间要搞好团结，在一起好好玩。"当发现他们被别的孩子欺负时，老师要及时站出来制止，教育别的孩子。并多鼓励他们与同伴交往，体验同伴间的欢乐和友谊，用同伴的热情和快乐去感染他们，使他们渐渐开朗起来。

第五，在鼓励孩子参与其他孩子的活动之前，最好先在家反复练习需要用到的技巧和游戏规则，让孩子充满自信地加入游戏。把教育重点放在介绍具体事件或步骤上。例如，在玩"老鹰捉小鸡"游戏前，告诉孩子具体做法："你只需要跟在鸡妈妈后面，如果老鹰抓到你，你就站到我这边来。"让孩子明白虽然表面上看来这个游戏很让人害怕，但实际上没有一点危险。

作为一名幼儿教师，我能做的最大努力就是在幼儿园为孩子们营造一个适当的环境，与家长多沟通，一起来帮助这些喜欢沉默的小天使。

第六章
幼儿教师交际口语训练

第一节 幼儿教师交际口语概述

情境导入

课间,一位非常顽皮的幼儿的家长来到办公室,找班主任张老师了解孩子的情况。谈孩子情况时,孩子的另一位任课教师王老师在一旁插话道:"您那孩子啊,真是一枚'飞毛腿'导弹(捣蛋)!"这句单刀直入的评语让家长很尴尬,家长对王老师也很有看法。张老师见状,赶忙接口道:"王老师是说,您孩子的毛病近来改了不少,就像'飞毛腿'导弹大都被'爱国者'导弹拦截了一样。不过孩子还是有不足之处,这需要我们继续努力,相互配合,充分发挥'爱国者'的作用。"

【分析】在以上接待家长来访的案例中,张老师与王老师对家长说的话有什么不同?家长为什么对王老师有看法?你怎么评价张老师的谈话呢?

一、幼儿教师交际口语的内涵

口语交际是在人际交往中,为了特定的目的,运用语言手段传递信息、交流思想和表达情感的语言活动。

幼儿教师交际口语不同于教师在教学过程中使用的教育、教学口语,它是指幼儿教师在直接性的教育教学活动之外,以教师身份参与其他工作时,为达到交流信息、达成一致意见等目的而使用的口语,如教师与同事、上级、幼儿家长、社区等进行沟通交流所使用的语言,也是幼儿教师必须掌握的一种语言。

二、幼儿教师交际口语的特点

(一)规范性

首先教师要使用标准的普通话,表达中语言应流畅,节奏明快,语调自然;其次无论叙事状物、说理抒情都要用词恰当、条理清晰、表达得体;最后要注意语言的纯洁性,应做到文明用语、礼貌用语、规范用语，杜绝污言秽语、口头禅或不规范的语言。

(二) 教育性

幼儿教师在工作语境的口语交际带有明确的教育目的性。教师的职责是育人，因此教师在其他工作场合的交际目的也应该与教育相关，交际口语的表达内容与形式受到教育目的的制约，语言信息都带有鲜明的教育性。

(三) 科学性

幼儿教师在工作语境的口语交际中所表达的教育理念与内容必须要科学。幼儿教育的内容与方法的科学性，决定了教师交际口语的科学性。即使在其他工作场合交流也要做到概念准确，判断科学，推理合乎逻辑，分析客观。

(四) 可接受性

幼儿教师在工作语境的口语交际中要让交际对象易于接受、乐于接受。例如在与家长沟通时，幼儿教师作为专业人士，为了更好地达到家园共育的目标，要有角色转换的意识，考虑如何与幼儿家长沟通，才能更好地被理解和接受。因此，教师交际口语必须针对交际对象不同的年龄特点、心理需求、知识水平、职业地位等进行调整，照顾到交际对象的特征。同时，教师还应该考虑交际的场合，根据不同的交际环境进行恰当的表达，达到交际口语的最佳效果。

案例分析

想跳舞的馨馨

家长：老师，我可以进来和您谈谈吗？

教师：欢迎！请坐到这儿吧。(微笑着用手势示意家长坐下)

家长：你们老师真是辛苦，每天要带那么多孩子，真是不简单！

教师：(一边给家长倒茶) 是呀。孩子小，自控能力差，而家长的期望值又那么高，我们的压力真是不小！

家长：(接过茶杯) 谢谢！是啊，现在的孩子大都是独生子女，每个家庭都对孩子宠爱有加。

教师：是的。独生子女存在的问题确实比较多，孩子不仅生活自理能力差，各种习惯也不好。家长一边宠爱孩子，一边又对孩子寄予高期望。哎，可怜天下父母心啊！（摇头，很无奈的样子）哦，我忘了，你是不是有什么话要对我讲？（笑）

家长：(微笑着) 是的。我家馨馨最近对跳舞的兴趣特别浓厚，每天嚷着要跳舞给我和她爸爸看，她爸爸看她这么感兴趣就特地给她买了一面大镜子，她对着镜子跳舞可开心了。

教师：哦？可是，在幼儿园我问她是不是不想跳舞，她告诉我说"是"。

家长：会不会馨馨在幼儿园跳舞跟不上同伴，不够自信？

教师：说实在的，馨馨对舞蹈的感受力和表现力确实一般。考虑到她最近腿脚不方便，我就让她坐在旁边看。

家长：谢谢您为馨馨想得那么多。我和她爸爸看她在家里那么喜欢跳舞，实在不忍心让她只看着小朋友跳舞。我们猜想她内心还是喜欢跳舞的，您说是不是？

教师：看来是的。

家长：我想，馨馨可能因为腿不好怕在老师和同伴面前丢脸才说不想跳舞的，她说的可能并不是心里话。

教师：可能是吧。馨馨在幼儿园表现欲得不到满足，就想在家里得到满足，有这种"补偿"心理是很正常的。是我太大意了，我应该考虑到这一点的。对不起，馨馨妈妈，从明天起我就让馨馨"归队"。

家长：（起身）谢谢了！再见！

【分析】这是一次教师与家长间的良好沟通。在交谈中，双方能互相体谅对方，理解对方，沟通收到了较好的效果。

三、教师掌握交际口语的意义

首先，学习交际口语是现代社会生活的需要，口语交际能力是人们的基本素养。

实践表明，积极沟通、善于交往的教师更容易创造机会、展示自己、化解矛盾、受人欢迎，也更能够赢得各方面的理解、信任和支持，更有利于事业上取得成功。

其次，掌握交际口语是幼儿教师的职业要求。口语交际能力不是一般意义上的"口才"，而是一个人知识、经验、心理、思维以及审美等方面的综合反映，是一个人文化素质的综合体现。培养口语交际能力，不仅对每个人至关重要，而且对促进社会和谐进步、实现人际沟通具有重要意义，更是合格教师必备的基本素质。

一方面，交际口语的训练具有发展思维和语言方面的价值，有助于提高注意力和记忆力，可以促进思维的敏捷性和变通性，可以培养语感。另一方面，现代社会的知识更新日益加快，这就对以传授知识为己任的教师提出了"终身学习"的要求。

四、幼儿教师运用口语交际的原则

（一）职业性原则

幼儿教师在工作语境中的谈话，不同于日常生活中的随意性表达，交际口语的运用要紧扣工作语境，符合教师的职业特点。幼儿教师作为从事幼教事业的专业人士，对幼儿的身心发展与科学的教育方法进行过系统的学习研究，在围绕幼儿的教育工作进行沟通交流时，应能具备教师的身份意识，体现出专业化的素质与视角，体现出教师的学识与修养等。

（二）真诚性原则

在任何交际场合，真诚待人都是交际双方成功交际的重要保证，对教师而言更是如此。幼儿教师无论接触哪种地位、哪种类型的交际对象，都要抱着真诚的态度和目的与人交流，发自内心地表达自己对谈话对象的要求、评价，避免让对方感到自己华而不实、故弄玄虚。只有这样，才能够取得预期的沟通效果。

（三）对象性原则

幼儿教师作为一个社会人，角色常常处在一个动态的变化过程中，面对不同的交际对象自身的角色会发生变化，因此幼儿教师口语交际的内容和方式要根据交际对象的不同而有所区别。比如教师在与幼儿的长期交往中，会习惯儿童化口语和教导思维，但面对同事、上级、家长等对象时，则要求教师及时调整自己的角色位置，转换到与交际对象相协调的位置，否则言语便因不符合现实的角色而显得不伦不类。

（四）场合性原则

当幼儿教师面对不同的交际场合时，同样的内容要根据实际情况用不同的语言表达出来。同一个意思，正式、严肃的场合要用正规的语言表达，轻松的场合则可以用通俗的、个性化的语言表达，这样既符合交际场合相应的风格和气氛，又能取得良好的交际效果。

（五）灵活性原则

幼儿教师的交际口语在大多数情况下是即时发生的，具有临时性，所以要求幼儿教师在进行口语交际时灵活应变，根据具体的实际情况恰当地调整交际策略。

案例分析

激动的奶奶

有一天，幼儿要离园了。佳佳奶奶去接佳佳，接到孩子时，她发现孩子的裤子是湿的，于是她很生气，心想："这老师真不负责任，得找她去说说。"于是，她找到佳佳的老师，大声责备道："孩子的衣服都湿了，老师你也不帮忙换一下，让孩子穿着湿衣服，多难受呀！"老师听到这话，赶紧关心地问："佳佳，你没事吧?"但奶奶还是不依不饶，继续说："你们老师还有没有责任心呀?"老师见到老人家这么激动，感觉她一时也平静不下来，于是灵机一动，抱起佳佳和气地说："佳佳是个聪明的孩子，老师们都很喜欢你，是不是?"佳佳高兴地点着头。孩子高兴了，奶奶见状，也不再纠缠下去，平静了下来。老师抱着佳佳和奶奶一起来到办公室，给孩子换上干裤子，又给奶奶倒了一杯水，真诚地对奶奶说："真对不起，我没注意到佳佳的裤子湿了。我太粗心了。佳佳，你的裤子是什么时候湿的?"老师一边回忆一边说："中午起床时裤子没湿，我帮她拉拉链时注意过。下午游戏前我帮她整理衣服时，也没有湿。下午吃茶点前，佳佳的裤子也没有湿，那一定是刚刚等待家长来接时……"佳佳低下头红着脸小声地说："是的。"奶奶这时倒不好意思起来，连声道歉说："对不起了，老师，刚才我误会您了。"

【分析】面对家长的指责，老师灵活主动地运用孩子的影响力，让孩子亲口说出实情，从而在沟通中掌握了主动权，化解了误会与矛盾。

课后练习

想一想，遇到以下情况，你该怎么办？

一天，欢欢妈妈带着欢欢找到老师，生气地向老师告状，说有小朋友在幼儿园欺负欢欢，并掀开欢欢的袖子让老师看伤口。欢欢妈妈要求老师惩罚欺负欢欢的"小朋友"，为欢欢出气。作为一名幼儿教师，你该如何处理这件事情，如何与家长沟通？

【拓展活动】

面向全体家长的推荐用语

（1）您的孩子最近表现很好，如果在以下几个方面改进一下，孩子的进步会更大。

（2）您有什么事情需要老师做吗？

（3）您有特别需要我们帮助的事情吗？

（4）这孩子太可爱了，老师和小朋友都很喜欢他，继续加油！

（5）谢谢您的理解，这是我们应该做的。

（6）您的孩子最近经常迟到，我担心他会错过许多好的活动，我们一起来帮他好吗？

（7）您的孩子最近没有来园，老师和小朋友都很想他，真希望早点见到他。

（8）请相信孩子的能力，他会做好的。

（9）幼儿园的食谱是营养配餐，为了他的身体健康，我们一起来帮他改掉挑食的习惯，让他吃饱吃好。

（10）近期我们要举行××活动，相信有您的参与支持，会使活动更精彩。

（11）幼儿园网站内容丰富多彩，欢迎您经常浏览，及时沟通。

（12）我们向您推荐的育儿知识读物，都是精心挑选的，您一定会有收获，孩子也会受益的。

面向个体家长的推荐用语

（1）请家长不要着急，孩子偶尔犯错是难免的，我们一起来慢慢引导他。

（2）谢谢您的提醒！我查查看，了解清楚了再给您答复，好吗？

（3）您有什么想法，我们可以坐下来谈谈，都是为了孩子好。

（4）孩子之间的问题可以让他们自己来解决，放心吧，他们会成为好朋友的。

（5）很抱歉，孩子受伤了，老师也很心疼，以后我会更关注他的。

（6）这件事是××负责的，我可以帮您联系一下。

（7）我们非常欣赏您这样直言不讳的家长，您的建议我们会考虑的。

（8）您有这样的心情我很理解，等我们冷静下来再谈好吗。

第二节 幼儿教师交际口语技能训练

情境导入

乐乐是幼儿园小班的孩子，他每次吃饭时都要去厕所，时间还很长，等他从厕所出来，别的孩子基本都吃完饭了。老师向家长反映过这件事，家长带孩子去医院做了检查，什么病都没有。家长向老师反映孩子在家也这样，还说乐乐确实是需要上厕所。但依据多年的教学经验，老师断定孩子是以这种方法逃避吃饭或者是为了单独玩一会儿。于是，老师暗地观察孩子发现，一离开老师的视线，乐乐就慢慢地去上厕所，有时甚至不是真去上厕所，而是在里面玩。因此，老师确定孩子是以这种方式逃避吃饭。于是，老师找来乐乐妈妈。乐乐妈妈是一个性格特别好、很开朗的人，所以老师开门见山地说："我想给乐乐改改吃饭上厕所的坏习惯，您看如何？"乐乐妈妈说："好啊！"之后，老师把近期观察到的情况告诉了乐乐妈妈，然后请妈妈明天送孩子入园时带一套换洗的衣服来。乐乐妈妈不解这是为什么。老师开玩笑地说："我这是准备强制执行噢，万一孩子哪天拉到裤子里了，您可别怪我啊！"乐乐妈妈说："不会，信得过你！知道是为了我儿子好。"于是第二天，乐乐又提出上厕所时，老师告诉他饭吃一半后再去。接下来几天，又让乐乐把饭全吃完才可以去厕所。当然，在老师看到他确实想上厕所时，允许他去，只是提醒他要快，而且就算小朋友都吃完了，也不允许他把饭菜倒掉。如果他吃得好，并且吃完饭才去上厕所时，老师就会一次又一次地表扬他。慢慢地，孩子改掉了坏习惯，家长也很开心。

【分析】基于细心的观察，老师向家长反映孩子的坏习惯。有效沟通后，家长积极配合老师，共同帮助孩子改掉了坏习惯。

一、与家长沟通时交际口语的使用

（一）来园和离园时的交际口语

在幼儿园的来园、离园时段，是教师与家长最常见的沟通交流时机。这时，教师会把幼儿在园的表现情况向家长进行介绍，家长也会向教师反馈一些孩子的问题等，此时教师与家长的沟通成功与否，影响着教师一日的工作成效。

1. 晨间接待

晨间接待是幼儿园一日活动的开端，是一天中孩子与老师的第一次接触，它直接影响幼儿在一日活动中的情绪和活动的积极性，也会对家长的工作和生活产生影响。合理的晨间接待，能使幼儿身心愉悦，实现家园间的无缝连接，促进幼儿园保教质量的提高，增强幼儿园的安全管理效率。

(1) 主动、亲切地与每一位幼儿及其家长打招呼。

打招呼时，教师准确地说出每一位幼儿的名字和接送家长的称呼，是让家长放心的重要一步，可为以后的沟通打下良好的基础。与家长进行短暂沟通时，可尽量回忆幼儿在园的表现，多说一些鼓励的话语。同时，还应检查幼儿的精神状态、仪容仪表，看幼儿是否有异常情况，以便能及时向家长反映。

案例分析

教师：早上好，贝贝！早上好，贝贝妈妈！

幼儿：早上好，刘老师！

家长：早上好，刘老师！

教师：贝贝穿新衣服了，可真帅呀！贝贝昨天吃光了所有的饭菜，真的很棒，今天继续加油哟！（幼儿高兴地笑了）

家长：贝贝加油呀，老师都表扬你了！

【分析】晨间接待时，老师主动热情地与幼儿及家长打招呼，并夸奖、鼓励孩子，让孩子家长充满正能量。

(2) 对家长关照的特殊事务做详细、必要的记录。

幼儿来园时，家长如有事务关照，教师须做好记录，以免遗忘，并与搭班老师沟通。

案例分析

教师：佳佳早上好！怎么今天有点不大高兴呀？（幼儿无精打采的）

家长：孩子早上起来有点流鼻涕。

教师：那在家吃药没有？让医生看过了吗？

家长：早上吃过药了。孩子只是流点鼻涕，不发烧。我们带了点感冒药过来，麻烦老师中午让她吃药。

教师：好的，您把吃药的剂量、方法告诉我，我写在记事本上。今天我会格外注意佳佳的情况，中午我会按时给孩子吃药的，请您放心吧。

家长：真是麻烦老师了，谢谢您！

教师：这是应该的，不客气。

【分析】教师细心观察孩子，仔细询问情况，认真记录相关事宜，对孩子贴心，让家长放心。

(3) 引导幼儿与家长告别。

幼儿来园时，教师还应引导幼儿同家长告别，提醒幼儿日常礼仪。

案例分析

教师：壮壮，和妈妈说再见吧。

幼儿：妈妈别走，我要妈妈。（妈妈很犹豫）

教师：壮壮，妈妈要去上班啦，下班后妈妈会第一时间来接壮壮的，是不是？

家长：是的，是的，壮壮乖，妈妈下班后第一时间来接壮壮，好不好？

教师：壮壮是妈妈和老师最喜欢的孩子，来，和妈妈说再见吧。

幼儿：妈妈一定要快点来接我。

家长：妈妈保证。

教师：你看小朋友们还等着和壮壮一起玩耍呢，小朋友们可都着急了。

幼儿：妈妈，再见！

家长：壮壮，再见！

【分析】老师在与幼儿及家长的交流中，兼顾了他们双方的需求，同时运用了孩子爱玩的天性，引导他离开妈妈，走向幼儿园。

（4）做好同时接待多位家长的工作。

当同时接待两位或两位以上幼儿及家长时，教师要关照到每一位幼儿，不能让任何一位幼儿和家长有受冷落的感觉，可以摸一摸幼儿的头或拥抱一下。

2. 离园工作

离园工作是幼儿园一日活动的结束曲，与晨间接待一样，这也是一个与幼儿及其家长建立积极关系的好机会。这时，可以对家长早上交代的事务给予一定的反馈。家长来接幼儿前，教师应检查幼儿仪容仪表，提醒并帮助幼儿整理自己的衣物、玩具等，稳定幼儿的情绪，总结、分享当天活动中的快乐并预想第二天的活动。这一阶段的工作最需要注意的是幼儿的安全问题。

（1）招呼家长。

主动招呼家长，对孩子当天的情况做一个简单概括的说明，与每位幼儿道别，提醒他们带好自己的物品。

案例分析

家长：老师，我来接丁丁了！

教师：丁丁妈妈好。丁丁，过来，妈妈来接你了。

家长：丁丁今天表现怎么样？

教师：丁丁今天手工课上学习折小狗，丁丁自己折好了，折得特别棒！回家后教一教妈妈，好吗？

幼儿：这是我折的小狗！

家长：丁丁真棒！谢谢老师，丁丁和老师说再见！

幼儿：老师再见！

教师：再见！

【分析】将小朋友表现最棒的地方一语点出，鼓励了孩子，也激励了家长。

（2）注意对幼儿的监护。

与个别需要沟通的家长要进行有礼貌但简短的交流，或者与他们另外约定交谈的时间，避免疏忽对其他幼儿的监护。

案例分析

家长们都在忙着接孩子，老师忙着和各位家长交接孩子，一位家长想找老师详细了解孩子的情况。

家长：老师，我家小明每次从幼儿园回到家都说有小朋友欺负他，我想详细了解一下他在幼儿园的情况。

教师：小明妈妈，您好。您看，我现在确实忙得顾不上您，真对不起。关于小明的一些情况，我也想专门找时间和您好好谈一谈，您稍微晚走一会儿，或者，我们约定个时间，可以吗？

家长：那好吧，我在旁边等着您，您先忙。

教师：谢谢您的理解，您稍等，忙完之后，我们再深入地谈一谈小明的情况。

【分析】教师对全体幼儿负责，不能因为一个孩子而忽略其他幼儿。在拒绝家长当下的要求时，教师语言客气，说明客观原因，并请求家长稍等或另约时间，给家长的要求一个合理的说法。

（二）家访谈话

家访是教师为了特定的目的到幼儿家里，与幼儿家长就幼儿的教育问题进行单独交谈的一种家园联系方式。通过家访，教师与家长互通情况、交流信息，不仅能够沟通师幼之间的感情，解决一些在幼儿园难以解决的问题，还能使幼儿家长了解并支持幼儿园的工作，在对幼儿的教育上与幼儿园保持一致，行成教育合力。因此，教师有必要进行定期或不定期的家访。

幼儿的家长分布在社会各界，而且层次不同，性格各异，能否进行有效的家访，在很大程度上取决于教师的谈话技巧。因此，教师必须具备与幼儿家长沟通的语言技能。

教师与家长谈话的基本程序和基本方式大体分为以下三个阶段。

第一阶段：教师向家长介绍幼儿教育情况及幼儿在幼儿园的表现。这个阶段主要是以教师独白的形式进行。

第二阶段：教师向家长了解幼儿在家里的情况，包括幼儿家长的基本情况、家庭对幼儿的教育情况、幼儿在幼儿园外的情况等。这个阶段主要是以教师发问的形式进行。

第三阶段：教师与家长共同研究教育幼儿的措施与策略。这个阶段主要是以双方交谈的方式进行。

在家访前要做好以下两方面的准备。

第一，了解幼儿，掌握其家庭情况。家访前，教师必须对幼儿在幼儿园的表现有一个较为全面具体的了解，幼儿的优点有哪些、主要缺点是什么、应该加强哪方面的教育，做到有根有据、公正客观；对幼儿家庭的基本情况应该有所掌握，譬如家长的职业、家长的个性特征、家庭的基本状况、家庭的教育情况等，以此确定说话的方式方法。

第二，目的明确，家访及时。每次家访的目的都应十分明确具体，或者因为幼儿存在某方面的缺点而要了解家庭原因，或者因为幼儿有某方面的特长希望得到家长的支持，或者因为家长忽略了某方面的教育而使幼儿存在某方面的不足，建议家长采取措施等。根据家访目的的不同，谈话重点有所不同，同时必须及时发现问题，及时与家长联系，及时解决问题。家访必须从关心和教育幼儿出发，而不是向家长告状，不是利用家长来惩治幼儿。

家访谈话要讲策略和技巧。交谈时，要营造和谐的氛围。谈及幼儿在幼儿园的表现要从肯定的方面入手，创造良好的谈话环境。当与家长意见不一致时，要避免与家长争吵，更不能对家长下达命令，对家长的建议要在交谈时巧妙地提出来。家访语言要做到"五要五不要"：要态度谦和，不要盛气凌人；要开诚布公，不要藏头藏尾；要实事求是，不要转嫁责任；要胸有成竹，不要随意发挥；要一分为二，不要以偏概全。此外，还要把握好谈话时间，不要冗长拖沓。

案例分析

（1）一位幼儿教师初访某孩子家庭时，见客厅里有两位年纪相仿的成年男子，她凭与孩子容貌相似的程度，向其中一位说道："我是某某的老师。如果没有猜错的话，您就是某某的父亲吧。"对方点头称是。另一位则指着孩子的父亲插言道："他还是我们总经理。"老师微微一笑，答道："这一点我早从'幼儿登记表'中知道了。不过，我这次来可是找孩子的父亲的。"巧妙的回答，把自己置于与孩子家长平等的地位上，接下来，她侃侃而谈，毫不拘谨，博得了家长的敬意。

【分析】这位教师以不卑不亢的态度创造了良好的谈话环境。不仅把双方放在了平等的地位上，而且明确了家长的责任，有益于和家长进一步的交谈。

（2）教师：哟！您家养了这么多好看的花！我就跟走进百花园似的。

家长（爷爷）：老师您过奖了。

教师：养这些花不容易吧？

家长：是啊，要浇水、施肥、剪枝、松土……什么时候，什么花施什么肥都有讲究，侍弄不好就不开花。

教师：对。养花跟育人一样，您对养花这么有研究，对您的孙子是不是……

【分析】由养花说到育人，这是巧妙连接；由养花有研究说到育人没研究，这是强烈对比。老师虽然没直接点出这位家长对育人的忽视，却从对比的语调中，从委婉的表达中可以看出端倪。这种抓住契机一语道破的谈话是值得学习的，也是家长容易接受的。

（三）家长会谈话

家长会是由教师组织幼儿家长共同参加的集体会谈，目的是促进家园共育。教师是会议的主持人，召开家长会前教师要精心准备，思考如何介绍幼儿园、班级概括、幼儿的学习情况及表现、需要家长配合解决的问题等。对于家长可能提出哪些问题，都要有一定的思想准备，以便在家长会上能够自如地应付，不能打无准备之仗。

家长会上的讲话特点是"一对多"，教师说话要做到点面结合，既要有一般性概述和共同性话题，又要有重点、特点和个别性话题。教师在谈及幼儿的表现时，讲话要从正面赞扬入手，不要点名批评幼儿，以使家长难堪，更不要把家长会变成"告状会"，力求创造同喜同忧、和谐融洽的谈话氛围，争取家长的配合，从而顺利完成既定的教育任务。

案例分析

（1）一次家长会上，教师从不同角度表扬了全班每一名幼儿的优点，每位家长都觉得光彩，纷纷用满意、感激的目光看着教师，接着教师又把班上存在的问题不点名地归纳了一下，并提出了今后的要求。散会后，不少家长主动找教师说明自己孩子的缺点，探讨共同教育的良方。

【分析】欲抑先扬，点到即止，是家长会谈话的语言策略，能维护家长的自尊心，争取家长的主动合作。相反，当着其他家长的面批评孩子，甚至用讽刺、挖苦的言辞教训家长，是家长会讲话的大忌。

（2）一位青年教师在家长会后，要求一位家长留步，当着其他人的面对这位家长说："你不要走，一会儿，研究一下你孩子的事。"等其他家长走了，老师热情地请他坐下来谈，可是家长已经是怒气满面了。他第一句便说："我孩子怎么了？你当着这么多人的面让我难堪！"这位教师最后费了好多唇舌才挽回局面。

【分析】和家长谈幼儿的问题时，要顾及家长的面子，不能使家长难堪，否则很难和家长做进一步沟通。

（四）接待家长来访谈话

接待家长来访包括当面来访与电话来访。现代社会的家长已经认识到教育的重要性，越来越多的家长主动找老师了解自己孩子的情况。当幼儿家长主动来访时，教师要热情接待，态度要谦和、诚恳，认真听取家长的意见并做出解答。如果态度冷淡，寥寥数语就想把家长打发走，无疑会失去家长的信任，既有损自己的教师形象，也影响幼儿园的声誉。在接待家长来访时，教师要迅速了解家长来访的动机与心情，认真倾听谈话内容，以便有针对性地调整话题或适应谈话的语境。

案例分析

一名家长来幼儿园，向教师询问自己孩子在幼儿园的情况。这名教师正在编写教案，于是对家长说："你稍等一会儿，我写完了就跟你谈孩子的事。"等这名教师写完教案后对家长说："你的孩子在幼儿园表现还可以，整体情况不错，就是有个别的地方需要改进。"

【分析】这位教师对家长的态度不够热情，和家长的谈话也只有寥寥数语，并且过多使用笼统性、判断性语言，显然会令家长失望。

（五）亲子活动中的交际口语

"亲子活动"是"亲子教育"的重要组成部分，是一种以亲缘关系为基础，为了建立良好的亲子互动关系，实施亲情影响的有目的、有计划的教育活动。具体来讲，幼儿园的亲子活动是根据幼儿的身心发展规律，在教师的指导下，以游戏活动作为主要教育手段，由孩子的父母或其他看护者共同参与的活动形式。

在亲子活动中，教师的活动组织通常按以下环节进行：

(1) 教师根据幼儿发展目标设计活动；
(2) 对家长介绍活动内容；
(3) 教师进行示范活动；
(4) 家长和幼儿共同活动；
(5) 教师进行活动点评。

尤其是在介绍活动内容、示范讲解以及活动点评中,教师的交际语言尤为重要。介绍活动内容时,教师要清楚地说明活动的目的、意义、流程,这样才能达到普及科学育儿知识的目的,便于家长参与进来;示范活动时,教育语言要简练,活动规则要介绍清楚,提示家长注意事项,以便活动顺利开展;进行活动点评时,教师主要评价活动的成效,感谢家长的积极参与,有针对性地帮助家长指导幼儿,旨在使每个幼儿获得自身的最大发展,使家长充分了解活动效果,对教师的工作能够充分肯定和信任,为下一次活动的开展奠定基础。

案例分析

我给爸爸(妈妈)穿鞋

【活动目的】让幼儿认识爸爸(妈妈)的鞋,初步感知父母的艰辛,学会关爱父母。

【活动准备】口哨一只。

【活动过程】每个家庭由一名家长和一名小朋友参加,首先让小朋友认识家长的鞋,然后让家长将鞋脱下后放入圆圈内,工作人员将鞋的顺序打乱。工作人员吹响口哨,游戏开始,小朋友从圆圈内找出自己爸爸(妈妈)的鞋,并帮家长穿好,最先穿好的为胜利者。

教师语言设计如下。

1. 对家长介绍活动内容

欢迎××班家长和小朋友们参加我们今天的活动——我给爸爸(妈妈)穿鞋。每天都是爸爸妈妈们给孩子穿鞋,今天也让孩子们体验给爸爸妈妈穿鞋的过程,通过这样的活动让孩子知道爸爸妈妈的不易,学会关心父母,照顾爸爸妈妈。

2. 教师讲解

在活动开始之前,我先来宣布活动规则:首先,每个家庭选出一名家长和幼儿参加活动;接下来,让孩子认识清楚选出的家长的鞋,之后将鞋脱下后放入圆圈内;最后,等工作人员吹响口哨之后,小朋友要准确地找出鞋,并给家长穿上,最先完成的小朋友为优胜者。在这个过程中,请其他家长保持安静,不能帮助或提示孩子找鞋和穿鞋。

3. 教师点评归纳

首先,感谢家长朋友们在百忙之中抽出时间参加我们幼儿园的亲子活动。在这次活动中,家长们和小朋友们都很积极。通过这次活动既锻炼了孩子的动手能力,学会给爸爸妈妈穿鞋,又让父母体验孩子给自己穿鞋的温馨,教会孩子关心父母爱护父母。最后,谢谢家长们对我们工作的支持和配合,和我们一起度过了这美好的亲子时光。

【分析】以上活动从幼儿的身体发育、认知特点出发,通过训练孩子的观察能力、动手能力、快速反应能力,达到在情感体验方面学会体谅父母、懂得回报的教育目标。

二、与同事相处时交际口语的使用

与单位同事的交际口语包括与上级领导的谈话、与同级同事的谈话、在教研活动中与同事的交流等。

（一）与单位同事交际应遵循的原则

1. 语境协调原则

语境是口语表达时所处的现实环境或具体情景。此时，教师口语交际的语境已有了变化，不再是对幼儿、对家长，不再是在活动室及组织幼儿户外活动等空间，说话的时间、地点、场合、对象都不同，这就要求教师与单位同事进行口语交际时，做到语言运用与所处的特定语言交际环境相切合、相适应。

2. 得体原则

在与单位同事交际时，要做到得体，说话要符合表达者个人的身份、地位、文化修养等；符合交际任务、交际特点、交际目的的要求；符合特定听众对象和交际环境及气氛的具体要求。

教师同上级的谈话，态度要认真，用语要注意谦恭、坦诚、简明。同时，选择恰当的谈话时机，尽量讲指向性的话题，便于实现谈话目的。

教师同同级的谈话，态度要谦和、不傲慢，用语要注意平等、真诚，语气平和。谈话双方意见不合时，不要恶语伤人、冒犯对方；不要讥讽挖苦、穷追不舍。要从言语策略入手，说服对方。

教师在教研活动中的用语，要注意口语风格和书面语风格的有机结合。做到立论鲜明、准确、简明，条理清晰，重点突出，主次分明，态度平和。同时要认真倾听，紧扣议题，不要信口开河，也不要沉默不语、只当听众。

3. 尊重谅解原则

尊重就是重视并恭敬地对待交际对象。与同事交往中的尊重，主要体现在三个方面：一是尊重对方的人格；二是尊重对方的秘密；三是回避对方的忌讳。

尊重除了在言语内容上表现出来以外，还有一个十分重要的言语标志，就是运用敬辞尊称和必要的礼貌用语。它是情感交流的一种必要的方式，也是说话人社会身份、文化素养、道德水平的一种体现。

谅解是一种宽容大度的表现。言语交往过程中的谅解，就是在体察对方心理、领悟对方用意的基础上，不去挑剔或指责对方的言语疏忽或错误。尊重是相对于对方的平等地位或自己的优势而言的，谅解则是相对于对方的言谈过失而言的。

言语交往过程中需要谅解的情形比较多，例如，所表达的意思对方一时半会儿领悟不了或者误解了原意；对方说话时因水平所限或情绪激动等词不达意；对方说话因一时情急而言语激烈，甚至造成言语冲撞等。发生这类情形，只要对方不是故意所为，都应给予体谅，心平气和地用言语加以疏导，促使交谈的继续进行。

（二）与上级领导的谈话

教师与上级领导的谈话，包括请示事项、汇报工作等内容。谈话的目的是争取上级领导的批准、认可、理解、信任和支持。教师与上级领导谈话时要注意以下两点。

1. 把握谈话时机

与上级领导谈话的时机是否适宜，是影响谈话效果不可忽略的因素。时机选择得当，便于实现谈话的目的；时机选择不当，则会给谈话带来困难与阻碍。

2. 注意谈话方法

教师同上级领导谈话，用语要注意谦恭、坦诚、简明。谦恭能使彼此保持良好心态，创造和谐的谈话气氛；坦诚是对工作负责的表现，如实反映情况；简明是言简意赅地说出主要内容或主要问题，开门见山，不拐弯抹角、拖泥带水。

案例分析

一位小班教师就其班提前召开家长会一事请示园长意见。

教师：园长，我们班打算在本周五召开一次家长会。

园长：这学期的家长会全园各班都计划在期中才召开。你们班不是也在计划里写着在期中召开吗，怎么提前了？

教师：本来是打算在期中召开的，可是根据我们班级的现状，有不少问题需要幼儿家长密切配合解决，所以想早一点召开家长会，引起家长注意。

园长：解决幼儿教育中出现的问题，宜早不宜迟。

教师：那，园长您同意了？

园长：嗯，不过发通知的事你们班自己解决。

教师：好的。

【分析】这个教师在和园长谈话时，创造了和谐的谈话气氛，且直入主题。当园长问到为什么要提前召开家长会时，她能耐心地说明原因，而不是一听园长不同意就不耐烦、不高兴或马上放弃。

（三）与同级的谈话

1. 与教师的谈话

为达到教师之间工作的密切配合，建立教师良好的同事情谊，营造良好的工作氛围，谈话过程中应做到平等、客观。

商量工作时，以商讨的口吻去交流；集思广益，认真听取对方意见，积极参与教师间的探讨活动。例如"这个问题我还没想明白，咱们一起研究研究""这个问题我是这样想的，不知道对不对，你的意见如何？"等。

商量工作时，要排除个人的喜恶等主观因素，增强客观意识，实事求是、全面地看待问题。既要说出优点，又要指出不足；既要找出问题发生的原因，又要指出解决问题的办法，不固执己见。不使用权威性、武断性、绝对性的语句，做到语气委婉、语速适中等。

2. 与保育员的谈话

幼儿园具有保教合一的特点，保育员的工作与教师的工作紧密联系，教师与保育员的沟通顺畅与否直接影响着整个班保育工作的成效，因此在与保育员的谈话过程中要做到尊重与支持、主动指导。教师能虚心听取保育员的意见，对他们的工作表示理解与支持；在指导工作时，教师能做到指令清晰、态度诚恳、语气柔和、音量适中等。

(四) 教研活动中的交际

教师为提高学术水平，经常要参加教研活动，如座谈会、专题讲座、学术报告等。这是一种较为庄重、严肃的学术性讲话，要做到认真倾听，明确主题；立论鲜明，条例清晰；语言简练，语气平和；多用征询语气，巧妙表达意见等。

三、与社区相关部门沟通时交际口语的使用

教师有时需要与社会各方面进行洽谈、协商，目的是寻求合作。特别是以社会上某种特征划分出来的社区，拥有丰富的学前教育资源。在进行口语交际时，要想使自己的言语能给人留下良好的印象，就要注意文明礼貌。

在交往中得体地使用礼貌语言和谦辞，可以给对方留下良好的印象。例如，与好久不见面的人见面时说"久违"，与不相识的人初次见面时说"久仰"；有了过失求人原谅时说"请包涵"；请人帮忙时说"劳驾"；有事找别人商量时说"打扰"；需要别人指点行为时说"请指教"；不能作陪时说"失陪"等，必要的客套话和善于运用得体恰当的尊称谦称、敬辞谦辞都能让对方感受到对其的尊重，有利于营造和谐的谈话氛围。

此外，在口语交际过程中，还应建立自信，注意双向沟通。缺乏和陌生人交谈的勇气势必会影响交际成效，所以，在与人交谈时要相信自己，建立自信心。任何人与陌生人交谈的勇气都不是与生俱来的，而是通过训练逐步提高的。交谈前可以做自我暗示和充足的准备以缓解与陌生人交谈带来的紧张感。

成功的交谈需要交谈双方都能合理地组织自己交谈的内容和语言，这就要求我们在交谈时能明确交谈的目的，做到条理清晰、明白通畅，迅速理清说话的思路，做到话语简明易懂。而倾听时，要做到认真听，不随意打断别人的话，与交谈对象保持一定的目光交流等。

案例分析

为了对幼儿进行消防安全教育，增强孩子的消防安全意识，提高孩子们逃避火灾的能力，幼儿园准备利用社区消防大队的有关人力、物力资源开展教育活动，制订了参观消防大队的方案。以下是教师接洽的过程。

您好，我是×××，是××幼儿园的老师。请问队长贵姓啊？

……

张队长，您好，我今天到这儿来，是代表××幼儿园谈谈关于参观贵单位的相关事项，请问你们什么时候有时间呢？

……

这是我们的计划书，这次活动可能会给你们的工作带来一定的影响，真是抱歉。但是，我们真

的希望通过这次活动，能培养孩子们从小就具有初步的消防安全知识，提高自我保护和应对突发事故的能力。就算以后万一真的遇到火灾，也知道该怎么做。

……

这次活动我们还希望举办一次关于消防知识的专题讲座，内容多以图片为主，介绍一些简单的消防器材以及使用方法，如果能让孩子们穿上消防服、坐上消防车，体验当一回小小消防员那就更好了。

……

真的很谢谢你们，能够给我们提供这么大的帮助，我代表全体教师和孩子们再次感谢你们。

【分析】这位教师在与社区消防大队队长沟通时，态度很诚恳，用语很礼貌，这样能够获得对方的好感，有利于沟通。教师事先的准备工作非常到位，语言简洁，非常明确地表达了自己的意图、要求，增强了交际的效率，促使了双方合作的成功。

课后练习

（1）小班幼儿入园后，第一次家长会上请你作为教师讲一段话。

（2）针对家长娇惯孩子的现象，请你设计一段家长会讲话。

（3）你要申请经费组织儿童节活动，请问你将如何向园长请示，如果他不同意，你又怎么说？

（4）领导让你为他办某件事情，而你感到很棘手，请问你应怎样拒绝领导而又不会让领导感到难堪？

（5）同事受奖，你前去祝贺，请你设计一段贺词。

（6）你代表幼儿园与社区相关部门商谈幼儿园生活垃圾清理的相关事宜。

【拓展活动】

一、与不同类型家长沟通的小技巧

1. 有教养型的家长

对这类家长，应尽可能将幼儿的表现如实向他们反映，主动请他们提出教育的措施，认真倾听他们的意见，充分肯定和采纳他们的合理化建议，并适时提出自己的看法，和家长一起，同心协力，共同做好对幼儿的教育工作。有些家长对孩子的家庭教育其实是很有想法的，可以提供交流平台，让家长们相互激发对家庭教育这一话题的兴趣，相互学习各自不同的家庭教育方法。

2. 溺爱型家长

与溺爱型家长交谈时，教师应先肯定幼儿的长处，对幼儿的良好表现予以真挚的赞赏和表扬，然后再适时指出幼儿的不足。要充分尊重家长的感情，肯定家长热爱孩子的正确性，使对方在心理上能接纳教师的意见。同时，也要用恳切的语言指出溺爱对孩子成长的危害性，耐心热情地帮助和说服家长采取正确的方式来教育孩子，启发家长实事求是地反映孩子在家的情况，千万不要袒护自己的孩子。

3. 气势汹汹型的家长

接待这样的家长时，教师可以以理服人，面带微笑，克制怨气，宽容大度。

教师与家长之间的沟通方式有很多，除了当面交谈，还有短信、微信、家园联系栏、书信等方式。但是不管采用何种沟通方式，教师要在心理上树立自信、平等、尊重等正确的观念，这是促进有效沟通的必要条件之一，也是促进家园合作顺利进行的重要条件。教师与家长沟通是一门艺术，而保持良好的心理状态是艺术完美表现的基础，教师只有不断地学习和积累，提高家园合作的有效性，才能进一步促进幼儿健康、和谐地发展。

二、电话交际的技巧

（1）口齿清楚，有节奏感，不可说得太快或太慢，以免对方摸不着头脑，切忌不管对方是否听清自顾自一味地讲下去。

（2）语气语调要温和，音量适中，让对方觉得你的声音是带着微笑的，娓娓而谈才会让人感到交流的氛围是舒畅和谐的。

（3）在通话的时候，不能一心二用，如果出现不得已的情况，应当向对方解释清楚。

（4）切忌喋喋不休、絮絮叨叨，要简明扼要、主次分明，注意节省双方的时间。

（5）接电话时，应该确定对方是谁、有什么事、需要你做什么等基本事宜。

（6）通话中，如对方语焉不详，应该具有一定的忍耐和包容之心，不妨耐心询问。

第七章 幼儿教师态势语训练

第一节 态势语概说

情境导入

一个人走进酒店要了酒菜,吃完摸摸口袋发现忘了带钱了,便对老板说:"店家,今日忘带钱了,改日送来。"店老板连声说:"不碍事,不碍事。"并恭敬地把他送出了门。

这个过程被一个无赖看见了,他也进了饭店要了酒菜,吃完后摸了一下口袋对店老板说:"店家,今日忘带钱了,改日送来。"

谁知店老板脸色一变,揪住他,非剥他的衣服不可。

无赖不服说:"为什么刚才那人可以记账,我就不行?"

店家说:"人家吃饭,筷子在桌上找齐,喝酒一盅盅地筛,斯斯文文,吃罢掏出手绢擦嘴,是个有德行的人,岂能赖我几个钱,你呢?筷子在胸前找齐,狼吞虎咽,吃上瘾来,脚踏上条凳,端起酒壶直往嘴里灌,吃罢用袖子擦嘴,分明是个居无定所、食无定时的无赖之徒,我岂能饶你!"

一席话,说得无赖哑口无言,只得留下外衣,狼狈而去。

【分析】店家判断前后两个食客是有德行的人还是无赖的依据是两人吃饭时不同的动作和姿势。由此可以看出,一个人的行为举止可以反映出一个人的思想感情和文化修养。一个品德端庄、富有涵养的人,其举止必然优雅。一个趣味低级、缺乏修养的人,是做不出高雅的姿势来的。在人际交往中,我们的肢体动作也传递着重要的信息,是别人了解我们的一面镜子。同时,我们可以通过别人的动作、姿势来初步衡量、了解别人。

一、态势语的概念

态势语即态势语言,又称为体态语、势态语或形体语言、身体语言、肢体语言,是通过身姿、手势、表情、目光等传递信息的手段,是有声语言的辅助和补充。

二、态势语的作用

在一般口语交际和教师职业口语的运用中,态势语言具有不可忽视的作用。幼儿具有活泼好动、注意力不够集中,以及对具体形象的东西特别感兴趣的特点。如果能够运用适当的、形象的肢体语言,可以起到吸引幼儿的注意力、激发其学习兴趣的作用。对于幼儿教师来说,肢体语言的恰当运用,不仅可以完善表达的内容,使小朋友能够更好地理解教学内容,而且可以缩短师生之间的心理距离,营造良好的课堂氛围。

具体而言,态势语的作用可以概括为以下三个方面。

(一)补充、强化口语信息

在现实的口语交际活动中,交际者表达时,除了运用有声语言之外,往往还要借助表情、目光和手势等补充与强化。通过动态的、直观的形象,与有声语言协调统一,同时作用于人们的视觉和听觉,扩展了信息传递渠道,补充和强化了有声语言的信息,强化了有声语言的表现力和感染力。例如,老师提出问题,需要小朋友思考的时候,老师可以一边说一边用手指轻点自己太阳穴的位置,表示让小朋友动动脑筋,想一想。

(二)替代有声语言

态势语虽然大多处于辅助性的地位,但在某些时候却可以替代有声语言,发挥它独特的作用。例如,小朋友情绪低落时,老师一个轻轻的拥抱就能让孩子感受到老师的关爱;在教学过程中,老师一个赞许的微笑就能让孩子得到鼓励;在小朋友打闹时,老师轻轻地摇一摇头就能制止小朋友的这种行为。

(三)调控交际活动

在口语交际过程中,态势语所表达的情感信息具有一定的暗示作用。说话者或听话者有意识地通过身姿、手势、表情、目光等手段传递信息,可以调动或影响交际对象的情绪,启发或引导对方的思路。通过调节态势语辅助有声语言来有效控制口语交际活动,可以化不利、被动局面为有利、主动局面,以达到口语交际的成功。

三、态势语运用的原则

(一)自然

自然是指态势语要表达的意思应该要来源于表达者的内心,是为了辅助有声语言传达内心的情感与思想,而不是矫揉造作地摆样子。《范进中举》中描写了这样一段情节:范进中了举人,有人要给他的岳父胡屠户银两,这位财迷胡屠户嘴上说不要,手却已经伸出去把钱接了揣进口袋。从态势语的运用角度讲,胡屠户的行为就违背了行为自然的原则。

（二）得体

得体是指态势语应该符合表达者的身份。年龄不同、性别不同、职业不同、性格不同，态势语的运用也应该有区别，每个表达者都有自己的风格。例如，在电影《列宁在1918》中，列宁身体前倾，头脸微仰，双目眺望远方，右手掌果断而有力地推击出去的态势语体现了伟人的风格，如果一个小姑娘做出这样的手势就不得体了。

（三）简明

态势语简洁明了才能被交际双方心领神会。如果指手画脚、手舞足蹈，只会喧宾夺主，甚至让对方觉得滑稽可笑。毕竟态势语不是演员的表演，只是有声语言的辅助和补充。当然，即使是演员的表演也要讲究适度与适量。

（四）和谐

首先，态势语是有声语言的辅助形式，因而其运用应当与有声语言相统一，两者共同为表达思想情感服务。其次，态势语应该和交际情景与氛围相一致，应该和特定的文化与风俗相协调。比如拇指与食指围成圆圈，其余三个手指张开的手势与"OK"相似，在英国和美国表示"顺利""许可""同意"，在意大利则是"美丽"的意思，到了法国却被理解为"零蛋""无价值"，在南美洲则被看作侮辱性手势。

（五）美观

态势语的运用要注意动作的美观。表达的动作只有给人美感，才易使人接受。比如遇到困难时挠头，笑时捂嘴等不良习惯，是应该及早克服的。

四、态势语的分类

态势语主要包括身姿语、手势语和表情语。

（一）身姿语

身姿语是指通过坐、立、行等姿势的变化来传递信息的一种态势语。身姿语大体可以分为坐姿、站姿、行姿三个方面，是构成口语交际中说话者或听话者整体形象的重要因素。

人的动作与姿态是人的思想感情和文化教养的外在体现。身姿语可表达自信、乐观、豁达、庄重、矜持、积极向上、感兴趣、尊敬等或与其相反的含义。课堂上教师的身姿语是学生的第一印象。

1. 行姿

行姿指人行走时的姿势，它是讲话的前奏，给听众以第一印象。教师在行走时，应当掌握正确的行走姿势，身体要协调，姿势要优美，步伐要从容，步态要平稳，步幅要适中，步速要均匀。

2. 站姿

站姿是讲话的基本身姿之一。一般分为两种形式：一是自然式，两脚基本平行，间距与肩同宽；二是前后式，两脚一前一后，相距适中。无论哪种站姿，都应肩平、腰直、身正、颈直，身体重心均衡分布在两脚之间，或根据表达需要落在前脚上。上身可略微前倾，给人以亲切、自信的感觉。幼儿教师要特别注意站姿，注意克服驼背、凹胸、斜肩等毛病，避免给幼儿错误的示范。

3. 坐姿

坐姿是双向会话式语境中听、说双方的基本身姿。坐姿是一种静态的姿势，基本的要求是头部端正，躯干挺直，手臂摆放自然。坐得太满、靠椅背以及跷二郎腿都是在交际场合中不适宜的坐姿。

任何一种身姿都反映着人的身心状态，以及他对人或物所持的态度。在口语交际过程中，听说双方都要注意观察对方身姿的变换，推测其心理状态，以此做出相应的调整。

（二）手势语

手势语主要是通过手和手臂的动作来传递信息，它能直观地表现人们的心理状态，是态势语的一个重要组成部分。

根据手的动作范围，一般将手势大体分为三个区域：肩部以上为上区，手臂在这一区域活动，主要表示积极、振奋、肯定、张扬等意义；肩部至腰部为中区，手臂在这一区域活动，多用于表现坦诚、平静、和气等叙述、说明的中性意义；腰部以下为下区，手臂在这一区域活动，多表示憎恶、鄙视、压抑、否定、厌烦等贬义。

手势的方向如向上或向下，向前或向后，向内或向外以及手势的定型、不定型等，都表达不同的含义，应注意根据各民族共同理解的意义来选用，并适当体现个性特点。

手势表达的含义相当丰富，可以大致分为以下四种。

1. 情意手势

这种手势主要用于带有强烈感情色彩的内容，能表达出演讲者的喜、怒、哀、乐。它的表达情深意切，感染力强。例如故事内容中"小白兔急忙摆摆手说：'不是我，不是我，萝卜不是我拿的！'"讲述时配合快速摆手的手势可以表达出小白兔着急的心情。

2. 指示手势

这种手势用于指明要说的对象、方位等。如"你、我、他""前、后、左、右"等，也可以表示数字、先后顺序等。

3. 象形手势

这种手势主要用于描摹、比画具体的人或事物的形状、高度、体积、动作等，给听众以生动、明确、形象的印象。如"长、短""粗、细""高、矮"等。象形手势常常略带夸张色彩，但不能机械地模仿，不能过分地夸张。

4. 象征手势

这种手势用来表达抽象概念。如"过去、未来""前进、后退"等。例如为了鼓励对方，伸出两个手指摆出"V"的造型，代表"胜利"的意思，因为"V"是英语"Victory"的第一个字母。再比如对方问你意见，你一句话没说，只是伸手摆出一个"OK"的手势，此时指的就是同意的意思。

手势的运用应当做到出势稳、停势准、收势慢。除此之外，要克服不良的手势语，比如抓耳挠腮、摸鼻子、用食指指人和用大拇指指自己等。在口语交际中伴随语言的表达，恰到好处地运用手势语，不仅可以增强表达与沟通的效果，而且可以充分展现表达者的个人魅力。

（三）表情语

表情语是指人的面部各部位的动作所构成的表情语言。人的面部表情是内心世界的"显示器"，面部的眉毛、眼睛、鼻子和面部肌肉的综合运用，可以向对方传递自己丰富的心理活动。在态势语中，表情语是最生动、最具表现力的，甚至能达到"此时无声胜有声"的艺术感染效果。微笑是面部表情的基本形式，它是一种令人愉悦的表情，可以和有声语言及行为互相配合，起到互补作用，在交际中表达深刻的内涵。在口语交际中多微笑，可有助于双方的沟通，有助于交际目的的实现。

作为教师，在教学中的表情语可以分为以下两种。一种是常规性的，做到和蔼可亲，热情开朗，面带微笑。这是教师面部表情的基本要求，它能使幼儿产生良好的心态，创造和谐、轻松的学习氛围。另一种是变化的面部表情，如随教育教学活动内容而产生的喜怒哀乐，随教育情景与幼儿发生的感情共鸣等，它能使活动的效果丰富、生动而又充满活力。

教师表情要适度，要以平等的态度对待对方，尊重对方的感情、人格和自尊心。不能过分夸张，以免哗众取宠；也不能板着面孔，毫无生气，要克制影响表达效果的表情。

面部表情最生动的地方要数眼神了。眼睛是心灵的窗户，它能传递人的内心想法，随时随地把交际者复杂、微妙的心理变化反映出来。眼神自然，表示坦然自信，胸有成竹；眼神游离，表明底气不足，怯懦回避；眼神暗淡无光，表示惆怅失望，无可奈何；两眉倒竖，两眼圆睁，表现愤怒之情；眉毛上扬，目光炯炯，表明内心喜悦，志得意满。正视表示庄重、诚恳，斜视表示蔑视，环视表示与听众交流，俯视表示关心等。

教师的目光要保持神采，用丰富、明快的眼神使口语表达更加生动、传神。活动时，教师要扩大目光语的视区，始终把全班幼儿都置于自己的视野之中，并用广角度的环视表达对每个幼儿的关注。要善于用眼神的交流组织活动，捕捉反馈信息，针对不同的幼儿使用不同的目光点视，如对认真听讲、思维活跃的幼儿投去赞许的目光，对回答问题胆怯的幼儿投以鼓励的目光，对注意力不集中的幼儿投以制止的目光等，根据口语交际的需要，恰当地运用各种眼神来帮助说话。

态势语训练是口语训练不可分割的一个组成部分，教师在进行教育教学活动时，要学会运用不同的态势语辅助进行，协调运用身姿语、手势语、表情语等，力求自然大方、美观舒展，以达到较好的效果。

课后练习

（1）请按照身姿语的要求，当众表演行姿、站姿、坐姿。同学之间相互纠正不良姿势。

（2）请根据提示，进行以下表情语的练习。

① 感兴趣（眉毛微微上扬，双眼略睁大，嘴角略上翘）

② 满意、赞扬（双眼微眯，嘴角微翘，面露微笑）

③ 询问（眉毛上扬，眼睛略睁大，嘴微微张开）

④ 严肃（眉毛微皱，双唇较紧地抿在一起）

⑤ 惊奇（眉毛上扬，睁大双眼，嘴圆张）
⑥ 愤怒（眉毛紧皱，眼圆睁，牙关紧咬致使双唇紧抿）

【拓展活动】

常用的握手知识

常用的握手的规范方式主要有两种：一是单手握，又称为平等式握手，用于初识的双方礼节性交流。握手时双方各自伸出右手，手掌呈垂直状态，四指并拢，上身略微前倾，目视对方，面带微笑。二是手扣手式握手，主动握手者用右手握住对方的右手，再用左手握住对方右手的手背，这种握手方式用于双方是熟悉的关系的情形，传达真挚的感情。

握手时出手的顺序体现了交际者的涵养。在交际场合，应该注重握手的信号，一般来说要遵循"尊者决定"的原则，即由身份尊贵的人决定双方是否握手。往往要等女性、长辈、已婚者和职位高的人伸出手后，男性、晚辈、未婚者和职位低的人才立即伸出手与之握手。如果是客人来访，主人应该先伸手表示对客人的欢迎；而客人要离开时，则应该是等客人先伸手再握手才合乎礼节。

第二节　态势语的应用和训练

情境导入

在著名教育家斯霞老师的一节课上，斯老师在给小学生讲解"颗颗稻粒多饱满"后，要求学生用"饱满"一词造句，学生多用"麦粒""豆荚"等词造句，为扩展学生对"饱满"一词的思路，斯老师忽然走到教室门口，然后转过身，胸脯略微挺了一挺，头稍微扬了扬，两眼炯炯有神地问道："你们看，老师今天精神怎么样？"学生异口同声地说："老师精神饱满！"

【分析】斯老师运用了肢体语言引导学生进行思考，使学生通过启发自主地扩展了思路。

态势语是有声语言的辅助手段，是"无声的语言"，在教育教学活动中，具有不可忽视的作用。

一、态势语在儿童文学作品朗诵和讲述中的应用

朗诵要求朗诵者在深入理解儿童诗歌、散文的基础上，准确、生动地再现作品的思想内容，加深听者对作品的理解，引起共鸣，激发情感。幼儿故事的讲述则要求讲述者运用语言技巧将故事的内容生动、浅显、巧妙地表达出来。无论是朗诵儿童诗歌、散文，还是讲述幼儿故事，除了要运用生动的语气、语调以外，还必须加强手势、表情、眼神、身姿等态势语的辅助作用。

我们知道，幼儿的思维是以形象思维为主，在认识上也多是感性认识，所以教师借助手势、表情、动作、眼神等身体语言表达作品意思时，可以帮助他们理解作品内容，增强印象，并给他们一种亲切感，使朗诵和讲述更受欢迎。比如，在讲小白兔时，声音欢快，并将两手放在头两侧扮演小

白兔的两只大耳朵，把小白兔活泼可爱的形象表现出来；当讲到山羊爷爷时，手悬在下巴下，做抚弄胡须的动作，这时声音变粗，动作放慢，让幼儿感受山羊爷爷沉稳、平和的神态。这样不仅能吸引幼儿，还有助于幼儿更好地理解故事并加深印象。

在朗诵和讲述幼儿故事时，设计态势语要注意以下几点。

（一）把握角色个性

教师要认真分析作品中每个角色的个性特征，并启发幼儿理解，不能只是做简单的模拟动作。把握好角色的前提是讲述者要与作品内容产生感情的共鸣，在此基础上把动作与表情、语调融为一体，协调运用。

范例赏析

猴吃西瓜	态势语设计
猴王找到了一个大西瓜。可是，怎么吃呢？这只猴啊，从来没有吃过西瓜。忽然，他想出了一条妙计。	第一句微笑着讲述。"可是"一句微皱眉头状。"这只猴啊"一句伴以微笑。"忽然"一句，食指指向脑袋，表示想办法。
于是，猴王把所有的猴都召集来，对大家说："今天，我找到了一个大西瓜。至于这西瓜的吃法嘛，我当然是知道的。不过，我要考验一下你们的智慧，看看谁能说出这西瓜的吃法。如果说对了，我可以多赏他一块。如果说错了，我可要惩罚他！"	猴王表情威严，音色变粗。 强调"当然"两个字，并点点头。 "不过"一句，脸一板，表示威严；手向前伸出，在胸前平划过，表示"你们"。"多赏他一块"可赞许地点点头；"惩罚他"可瞪起眼睛点视，表示威吓。
小毛猴一听，赶紧挠了挠腮说："我知道，我知道，吃西瓜是吃瓤！"	做小猴子挠腮的动作，注意由下向上，语气轻快、天真，表情稚嫩，音色清脆。
猴王刚想同意，"不对！小毛猴说得不对！"一只短尾巴猴说道，"我小的时候跟我爸爸去过我姑妈家，吃过甜瓜，吃的就是皮。我想，甜瓜是瓜，西瓜也是瓜，当然也该吃皮喽。"	短尾巴猴的性格比较憨直，语气坚定，表情固执，为表示强调可以加几次点头动作。
猴子们一听，觉得也有道理，于是都不由地把目光集中到一只老猴的身上。	众猴子迷惑的表情，目光向一旁偏转。
老猴一看，出头露面的机会来了，赶忙清了一下嗓门说道："这吃西瓜嘛，当然是吃皮喽。我从小就爱吃西瓜，而且一直是吃皮。我想，我之所以老而不死，就是因为吃了这西瓜的缘故。"	老猴子暗暗得意的表情，音色苍老。"清了一下嗓门"一句，装腔作势地咳嗽，时时停下来沉吟、眯眼、摇头晃脑，极力强调自己的权威性。

猴子们早就等急了，就跟着叫了起来："对！吃西瓜吃皮！""吃西瓜吃皮！"	猴子们焦急的表情。
猴王认为已经找到了正确的答案，就上前一步，开言道："对！大伙说得都对！吃西瓜是吃皮。哼！就小毛猴崽子一个人说吃瓤，那就让他一个人吃吧！咱们大家，都吃西瓜皮！"	回到猴王威严的表情、胜利的表情，伸手向前，向下切下，表示肯定；斜视小猴，表情轻蔑，单手向外扬出，表示不屑。
于是西瓜一刀切为两半，小毛猴吃瓤，大伙儿共分西瓜皮。	"咱们大家"一句，可以做出胜利的手势。
有只猴刚吃了两口，就捅了捅旁边的猴说："哎，我说这可不是滋味啊！""咳，老弟，我常吃西瓜，西瓜嘛，就是这个味儿……"	因为不好吃而愁眉苦脸的表情；又因惧怕猴王而小声咬耳朵说话状。 极力地自我吹嘘、不屑一顾的表情。

【分析】要讲好这个故事，关键是分析各个角色的性格，然后配合合适的态势语。猴王是不懂装懂，还要维持猴王的威严；由于心虚，他会更加强调威严感，以消除可能有的质疑，因此他的动作和表情都是比较夸张的，动作幅度大，比较有力。老猴子平时是被冷落的，一旦有机会公开发表意见，尽管不懂也要装懂多说一点，所以说话就会使劲拖长腔，动作很夸张、零碎而无章法。小猴子天真稚气，是唯一一个吃到好东西的角色，设计他的态势语时就应向幼儿靠拢，动作轻快，表情天真。短尾巴猴个性简单，动作不多，但是一个表情会持续较久，不应变化太多，这样才符合他的个性。另外，还要注意各个角色音色的变化。只有将态势语、音色、语气三者有效地结合起来，才能讲好故事。

(二) 态势语要自然、大方、美观

态势语既不同于舞台表演，也不是日常生活中的原始动作，是对原始动作进行概括、美化而形成的。如：在讲小白兔"红红的眼睛"时，可以将头稍向左前方倾斜一点，右手食指在面前（约20 cm）做指眼睛状；不要两手食指和拇指围成圈紧贴在眼睛前，这样既不雅观也不符合故事情节。

现在许多幼儿朗诵和讲述作品时，两臂放在体侧，两手腕下压，两手翘起，头歪向一边。有的幼儿过于机械，每做完一个动作，马上恢复成这个姿态，显得为做动作而做动作，很呆板。有的幼儿没有这样做，反而更自然、更可爱。因此不要拘泥于某种模式，动作要自然、大方、美观。

(三) 态势语要适时适度

朗诵和讲述作品时，要注意态势语运用得适时和适度。

适时是指态势语要加在合适的地方。例如：在讲"狐狸看到地上有一块儿面包，捡起来闻闻，嗯，喷喷香。"一句时，应在讲"闻闻"后（不是边讲边做），双手做拿面包状，同时头略低，深吸气做"闻"状，然后眼睛看着幼儿，夸张地赞叹"嗯，喷喷香"。再如：散文《荔枝蜜》中写道："一开瓶子塞儿，就是那么一股甜香。"为了突出"甜香"的感觉，可以做一个陶醉的吸气动作，但这个动作应该在说完"瓶子塞儿"之后紧接着做一个吸气动作，如果放在其他地方，就显得不太合适了。

适度是指动作运用不要过多，动作幅度不宜太大，否则效果会适得其反。例如：有的教师在讲"有两只小鸭子在水里游"这句话时，一连做了三个动作：伸出右手的食指和中指表示两只；两手叠放在嘴边模拟鸭子嘴；两臂在体侧摆动做游泳状。这样的肢体动作显然是太多了，失去了强调重点、渲染气氛的意义，而且增加了讲故事的难度。

【范例一】

冬爷爷的大扇子

冬爷爷怕热，走到哪儿都带着一把大扇子。冬爷爷的大扇子一摇，摇出了西北风。

冬爷爷的大扇子摇啊摇，摇出了小雪花。公园白了，马路白了，楼房也白了。冬爷爷的大扇子摇啊摇，摇出了长着红鼻子的小雪人。

冬爷爷的大扇子摇啊摇，摇出了冰糖葫芦、大冻梨和金黄金黄的冻柿子。

冬爷爷的大扇子摇啊摇，摇出了白雪公主和小矮人。

一天又一天，冬爷爷摇累了，他要回家去歇一歇了。

小朋友们耐心地等待冬爷爷回来。等啊等，雪化了，冬爷爷没回来。

等到冬爷爷带着大扇子回来时，小朋友们已经长了一岁。

（赵琦）

【分析】 在朗诵这篇儿童散文时，要边朗诵边用象形手势做摇大扇子状，各句动作要有连贯性，过渡自然，动作幅度不宜过大；语速要慢，目光扫视到每一个小朋友，并且目光要根据内容有高低远近的变化；朗诵"一天又一天，冬爷爷摇累了，他要回家去歇一歇了"一句时，要面带劳累表情；紧接着的下面一句，要表现等待状，使孩子在美好的期待中，感受到冬爷爷带来的还有"长了一岁"的道理。

【范例二】

小花猫自己吃饭

小花猫，

吃饭了。

扶好碗，

拿好勺。

吃青菜，

吃鱼虾。

吃得香，

吃得饱。

【分析】 在朗诵这首儿歌时，既要注意将小花猫自己吃饭的场景生动地表现出来，同时也要注意在朗诵"吃青菜，吃鱼虾"时防止动作重叠；在朗诵"扶好碗，拿好勺"时，要注意动作的连贯性以及朗诵节奏的把握;最后在朗诵"吃得香,吃得饱"时,可用手揉肚子,生动地表现出小花猫吃饱了这一形象。

【范例三】

再 走 一 遍

有个小孩叫小胖,他叫门的时候,爱咚咚地敲;走楼梯的时候,爱噔噔地跑。

一天早上,妈妈对他说:"胖胖,从今天起,上下楼不许再跑。二楼王奶奶病了,怕响声。"小胖点点头,"嗯"了一声。

小胖正在家里折纸船,听到亮亮在楼下喊他:"小胖,快下来,咱们玩打仗。"小胖扔下纸就往外跑,噔噔噔……噔噔噔……

"别跑!"妈妈追出来喊他。可是晚了,小胖已经跑过了王奶奶的家门口。

小胖听到妈妈的喊声,连忙停住脚步,轻手轻脚地走回来。王奶奶家的门开着一条缝,小胖贴在门缝上,瞧瞧,听听,屋里没什么声音,就又扶着栏杆,像只小猫似的轻轻往下走。小胖的样子,全让王奶奶家的婶婶瞧见了。她走出来问小胖:"小胖,你跑过去了,怎么又上来了?"

小胖低着头,不好意思地说:"刚才,我往下跑得太响了……奶奶有病,怕响声,我再走一遍没有声响的。"听了小胖的话,妈妈笑了,婶婶笑了,躺在床上的王奶奶也笑了。

【分析】这个故事运用了较多的动词,如"折纸船""喊""跑过""贴在门缝""瞧瞧""听听""扶着栏杆"等。在讲述时,"喊"——可用两手拢在嘴边做喊叫的样子,"听听"——可做侧耳倾听状,"瞧瞧"——可做向屋内张望状,这几处动作可突出孩子天真的特性,符合故事中主人公的形象,其余几处动作描写可以完全通过语言来表现。

总之,态势语的设计要遵循自然、得体、适度、和谐的原则,使其成为有声语言得力的辅助手段。

课后练习

(1) 按照态势语的提示,进行以下练习。

①小草的眼睛	态势语提示
早晨,小草上挂着一颗小露珠,晶亮晶亮的。娃娃看见了问:"妈妈,是小草在哭吗?"	好奇,眉头微蹙
妈妈笑着说:"小草不哭的。小露珠是它的眼睛。"	微笑、耐心,眼神慈爱
一会儿,太阳出来了,红彤彤的。在阳光下,小露珠闪呀闪的,好像小眼睛眨呀眨的。小草的眼睛像一颗颗透明的红宝石,真好看。	

娃娃高兴地说："小草的眼睛真美啊！" 小草摇摇头，眨眨眼，好像说："那是因为你的眼睛美……" （向民胜）	惊叹，兴高采烈、手舞足蹈

②露珠	态势语提示
早晨，小花园里 闪闪发光的露滴， 像美丽的珍珠 洒满一地。	语速中等，抒情，声音延长
咦，那一颗颗晶亮的露滴， 怎么不见了？ 它们都跑到了哪里？	语速稍快，惊讶、好奇
小草说： 在我绿油油的叶子里。 小花说： 在我红艳艳的花瓣里。 （樊发稼）	语调略下降，回答语气

③妈妈的心	态势语提示
"妈妈，在幼儿园里，我好想你哟。"妞妞搂着妈妈说。	撒娇、真诚的语气，天真稚气的表情 语速缓慢，慈爱的表情
妈妈贴着妞妞的脸说："妈妈也想你！你去幼儿园，妈妈的心也跟着一起去了。"	天真、烂漫的语气
"那，我就带上你的心到幼儿园去。"妞妞把妈妈搂得更紧更紧了。	"更紧更紧"语速要慢
"好啊！我们一起来做'妈妈的心'，你带上妈妈的心去幼儿园。"	语调柔和，充满着感情，微笑的表情
妈妈和妞妞一起用红纸做了一颗心。妞妞带上它去了幼儿园。妞妞把"妈妈的心"贴在幼儿园墙上的亲情树上。妈妈的心一直看着妞妞。妞妞觉得妈妈每天都和自己在一起。 （章涵）	欢快、幸福的语气 可以用手指做一个指示动作 双臂伸出，做向内环抱的动作，配合幸福的表情

(2) 请给下面故事中画线的语句设计表情语或手势语,并说一说设计的具体含义是什么。

大象按摩师

大象开了一个诊所。门口挂一块牌子,上面写着:"我用按摩疗法给小动物们治病,不收诊费——大象按摩师。"

小动物们来到诊所门口,好奇地看看,可谁也不敢进去。

大象穿着白大褂,笑眯眯地说:"我的按摩师又轻又温柔,可舒服啦!哪个先来试试。"

小狗说:"我不怕,我来试试。"

小狗进了诊所。小动物们隔着大玻璃窗,看大象给小狗治病。

只见大象让小狗躺在地毯上,大象用长鼻子当听诊器,在小狗身上这儿听听,那儿碰碰,然后对小狗说:"你的腰部受过伤,是吧?"

小狗一听:"是呀,没想到你看得这么准!"

大象说:"你侧过身来,我给你的腰做按摩。"大象抬起一只前脚,向小狗腰部轻轻移过去。

"哇,大象的脚多重呀,这一脚踩下去,不把小狗踩个半死才怪呢!小狗,你别上当呀!"窗外的小动物们叫着,有的吓得把眼睛都蒙起来了。

可大象的脚没往下踩,只是荡在那儿,像一台灵巧的按摩器,在小狗腰部轻轻揉着,小狗的身子随之左右摇动,小狗闭着眼睛舒舒服服地躺在地毯上。

过了一阵子,大象叫小狗站起来走走,问:"现在怎么样?""啊,现在好多了,不疼了!"小狗走几步,扭扭腰,满意地说。

"怎么样,大象给你看什么病?按摩时疼不疼?"小狗从诊所出来,大家七嘴八舌地问。

"大象按摩真舒服,一点不疼,我的腰疼病好多了。"

"我去看病。""我也要请大象医生按摩!"小动物们排起队,一个接一个走进了大象诊所。

(常福生)

(3) 分组为下面的诗歌或故事设计相应的态势语,然后在全班表演,看哪一组设计得好。

①黄叶

一片黄叶,
离开了大树妈妈,
飞哟,飞哟,
飘落在窗下。
小佳佳拾起黄叶,
看呀,看呀……
"小佳佳,
你在看啥?"
"在看一封信。

你知道吗?
秋天来了,
该给布娃娃
添衣服啦!"

(郑春华)

②我不怕

兰兰的妈妈上街去,她问兰兰:"你一个人在家,害怕吗?"

"我不怕!"兰兰摇摇头说。

妈妈走了。兰兰关好门,拿出一沓小画书,坐在椅子上看起来。图画书上有许多动物:小白兔、长颈鹿……她看着看着,忽然把眼睛睁得老大老大的,呀!兰兰看见一只大灰狼。

"笃!笃笃!"噫?有人敲门,是妈妈回来了。兰兰连忙从椅子上滑下来,朝门口奔去。她刚要开门,又一想,不对,妈妈每次回来,总要先叫我"兰兰"的,这不是我的妈妈。

兰兰瞪着大眼睛,站着不动也不响。

"笃!笃笃!"门又响了起来:"里面有人吗?"

兰兰一听,这声音很凶,一定不是妈妈,就说:"没有人!"

"没人,怎么会说话?你叫什么?"

"我不告诉你。"

外面的声音更凶了:"快开门,快开门!"

"不开,不开,我不开!"

"我是大灰狼,你敢不开门!"

兰兰听出来大灰狼是谁了,"啊呜,啊呜"叫了两声,说:"我是大老虎,我不怕你。"

"噢,大老虎,快开门吧,我是妈妈。"

兰兰一听,真是妈妈的声音,赶快打开了大门。妈妈把兰兰抱在怀里,夸兰兰是个好孩子。

(常福生)

二、态势语常见问题分析

在口语交际过程中,正确使用态势语,养成运用态势语的好习惯,对于加强人际的交流、沟通,减少信息传递的误差,保持良好的教师形象,都有着非常重要的作用。因此,在态势语的运用中,一定要注意避免使用不良的态势语。

教师在运用态势语时,一般应注意防止出现以下问题。

(一)目光语

目光是表情达意的重要手段,教师在教育教学活动中要防止以下不良习惯的出现:视线长时间盯着对方;视线不与对方交流,总盯着天花板或窗外、书本等,冷落听话者;当众说话时挤眉弄眼;

做手势时手到眼不到等。

【练一练】

选择一个大家感兴趣的话题召开主题班会，注意观察发言人及同学们目光语的变化，并展开讨论。

（二）手势语

手势语运用要简洁、自然、适度、有力，教师在教育教学活动中要注意克服以下不良习惯：抓耳挠腮、抠鼻子；手蘸唾液翻书；用手对幼儿指指点点；手持书本或教具时挡住自己的面部；手臂交叉放在胸前或背后；手伸进衣袋里，让钱币或钥匙等叮当作响；用手不时解开又扣上纽扣，或玩弄衣角；用手玩弄和卷起书本等。

【练一练】

有的教师为了活跃课堂气氛，在课堂上经常手舞足蹈，逗得同学们捧腹大笑。你认为这种"活跃课堂气氛"的方式合适吗？为什么？

（三）身姿语

1. 行姿

教师在行走时，必须保持明确的行进方向，尽可能使自己犹如走在一条直线上，切忌走路时，身体东倒西歪，没有方向感；行进时步速要保持相对稳定，较为均匀，不宜过快或过慢，或是忽快忽慢，切忌慌张、拖沓；行进时应注意使自己身体的重心，随着脚步的移动不断地向前过渡，不要让身体的重心停留在自己的后脚上，或者摇摇晃晃地行走。

2. 站姿

教师在站立时，若是身躯出现明显的歪斜，例如头偏、肩斜、腿曲，或是膝部不直，不但会看上去东倒西歪，直接破坏人体的线条美，而且还会令人觉得该教师颓废消沉、萎靡不振、自由放纵。不良的站姿还表现在站立时频繁变动体位，甚至浑身上下乱动不止，手臂挥来挥去，身躯扭来扭去，腿脚抖来抖去。在组织幼儿活动时，教师切忌上身后仰，重心落在后脚，左右摇晃，两腿打战或轮流抖动，给人轻率、傲慢或慌张的感觉。教师的不良站姿若不加以克服，不但会让本人形象受损，还会对幼儿起到不良的示范作用，所以一定要引起高度重视。

3. 坐姿

坐姿良好给人律己敬人的感觉，教师应保持良好的坐姿。常见的不良坐姿有：抬头仰身靠在座位上，并把脚放在面前的茶几或桌子上；跷起二郎腿不时晃动；双腿叉开过大等。

课后练习

在组织幼儿活动时，你认为教师应该保持怎样的身姿？请表演给同学们看。

【知识拓展】

行礼小知识

一、鞠躬

鞠躬是我国古代传统礼节之一，至今仍是人们见面表示恭敬、友好的一种人体语言。和握手相比，鞠躬表达的敬意更深一些，常用于婚丧节庆、演员谢幕、讲演、领奖等场面以及下级对上级、服务员对客人、初次与朋友见面。特别是在大众场合个体与群体的交往时，个人不可能和许多人逐一握手，则以鞠躬代之，既恭敬，又节约时间，值得大大提倡。

二、拱手（抱拳）

拱手礼是一种极具民族特色的礼节，而且它既可以避免人数众多时握手的不便，又可以不受距离的限制，特别适用于春节拜年、单位团拜、亲朋好友聚会或向别人祝贺时。

三、起立

这是向尊长、来宾表示敬意的礼貌举止。常用于上课前学生对老师，开会时对重要领导、来宾、报告人到场时的致敬。平时，坐着的位低者看到刚进屋的位尊者，坐着的男子看到站立着的女子，或者在送他们离去时，也都要用起立以表示自己的敬意。